Huelga de masas, partido y sindicatos

Rosa Luxemburg

Presentación

La revolución rusa, que tiene sus comienzos en enero de 1905[1], sorprende a Rosa Luxemburg en Alemania. Dado que su actividad política se repartía en dos campos distintos -Polonia y Alemania[2], Rosa Luxemburg estaba en posición privilegiada para enfrentarse con una doble tarea: explicar a la clase obrera polaca las tareas que le esperaban y hacer comprender a los socialistas alemanes el significado de aquellos acontecimientos revolucionarios. Durante 1905 se consagró casi por entero a tratar el tema de la revolución rusa, tema al que dio una importancia primordial a lo largo de su vida. «La vida social y la vida política de todos los Estados capitalistas -decía en mayo de 1905- están actualmente tan ligadas entre sí que las repercusiones de la revolución rusa serán enormes en todo el llamado mundo civilizado, mucho más importantes que las repercusiones internacionales de cualquier revolución burguesa en la historia.»

En 1905 la tensión social había aumentado en Alemania. Esta situación no tenía relación directa con la revolución rusa, pero este acontecimiento, cuyo desarrollo era ampliamente comentado en la prensa alemana, contribuía a aumentar la temperatura social. En este clima se levantaban voces que llamaban a imitar el ejemplo ruso. Rosa Luxemburg era la cabeza intelectual de un reducido sector de la izquierda alemana que no se cansaba de repetir que la revolución de 1905 era un precedente revolucionario, no sólo para Rusia, sino también para Alemania. Desde la prensa del partido socialdemócrata planteó, insistentemente a lo largo de 1905, la analogía entre la situación alemana y la experiencia rusa e impulsó la discusión sobre la huelga de masas como instrumento de lucha política[3].

El tema de la huelga de masas estaba en el centro de las preocupaciones del movimiento obrero alemán de la época. En el Congreso sindical de Colonia (mayo de 1905), los sindicatos alemanes manifiestan su oposición a la huelga general. En este Congreso llegó a decirse: «No hablemos más de huelgas de masas [...]. Las huelgas generales son un absurdo general». Los sindicalistas están obsesionados con desarrollar su organización y para ello querían defender la paz y tranquilidad sociales. En septiembre del mismo año, el Partido socialdemócrata alemán celebra su Congreso anual. La huelga de masas es uno de los puntos más importantes de su orden del día. La declaración aprobada, propuesta por Bebel, intenta satisfacer a la izquierda del partido, al considerar la huelga de masas como instrumento socialista legítimo, e intenta tranquilizar a los sindicalistas, restringiendo estrechamente su posible uso, limitándola a ser un arma defensiva, utilizable ante un ataque contra el sufragio universal o el derecho de asociación.

En este marco, Rosa Luxemburg se empeña en una doble tarea política:

a.   atacar a los dirigentes sindicales, a los que considera los más peligrosos mantenedores del revisionismo en el partido, y a los que ve en oposición al nuevo espíritu que anima en esos meses al movimiento obrero alemán;

b.   defender sus concepciones, apoyadas en el ejemplo ruso, contra los estrechos límites fijados por el Congreso del partido.

En diciembre de 1905, Rosa Luxemburg decide partir para Varsovia para participar directamente, junto a sus camaradas de la socialdemocracia polaca, en los acontecimientos revolucionarios que conmovían al Imperio zarista. Su biógrafo Nettl valora así su decisión:

1

 Rosa Luxemburg nos ofrece una síntesis de los acontecimientos rusos de 1905 en su *Huelga de masas...* Un estudios detallado de esta primera revolución rusa lo encontramos en el clásico libro de Trotsky, *1905, Resultados y perspectivas,* 2 vol., Ruedo Ibérico, Paris 1971.

2

 Rosa Luxemburg nace en la Polonia rusa en 1870. (No olvidemos que Polonia era un país dividido: casi todo el reino de Polonia, juntamente con Lituania, bajo el gobierno ruso; Posen, en el oeste bajo Prusia; Galitzia, en el sur, como parte del Imperio Austro-Húngaro.) Desde los dieciséis años (1886), en que ingresa en la organización «Proletariado», es militante activa del movimiento revolucionario polaco. En 1898, después de cambiar su nacionalidad rusa por la alemana, fija su residencia en Alemania y comienza a actuar muy activamente en el partido social-demócrata alemán. Entre diciembre de 1905 y agosto de 1906 se traslada clandestinamente a Varsovia y participa directamente en los acontecimientos de la revolución rusa de 1905. Antes de volver a fijar

definitivamente, en 1908, su residencia en Alemania, fue delegada del Partido socialdemócrata polaco en el Congreso que celebró en Londres la socialdemocracia rusa y en el Congreso de Stuttgart de la Internacional socialista.
3
 A partir de octubre de 1905, Rosa Luxemburg ocupa un puesto de dirección en el *Vorwärts* de Berlín, principal periódico de la socialdemocracia alemana, donde continúa escribiendo apasionados artículos sobre la revolución rusa. Ya anteriormente, en 1904, y a propósito de las grandes huelgas que se habían desarrollado en Bélgica, había impulsado en la *Neue Zeit,* la revista que dirigía Kautsky, la discusión sobre la huelga de masas. Algunos de estos artículos, en los que polemiza con el sindicalista belga Vandervelde, han sido traducidos al francés:
Rosa Luxemburg y F. Mehring, *Grèves sauvages, spontanéité des masses. L'expérience belge de grève générale.* Spartacus, Paris, 1969.

Presentación

«Si Rosa Luxemburg no hubiese ido a Varsovia en diciembre de 1905, no habría podido formular tan claramente ideas que se apartaban de la tradición, y la izquierda alemana no habría comentado su existencia con una herencia intelectual tan respetable».

Rosa Luxemburg llega a Varsovia cuando el enfrentamiento entre la revolución y el absolutismo zarista había llegado a su punto culminante. En Moscú había estallado la insurrección. En Varsovia, en estado de guerra, continuaba la huelga general[4]. Poco después la revolución rebasa su punto culminante. La insurrección de Moscú es aplastada. En Varsovia fracasa la huelga general. La socialdemocracia polaca soporta la represión. Rosa Luxemburg, inmersa en el trabajo político diario, tiene tiempo para extraer lecciones de la experiencia y escribe *La hora de la revolución. La próxima etapa*[5].

En marzo de 1906, Rosa Luxemburg es detenida. Permanece en prisión hasta el mes de julio, en que, haciendo valer su nacionalidad alemana y dado su delicado estado de salud, es puesta en libertad provisional. Un mes después fue autorizada a abandonar Varsovia y se traslada a Finlandia. Allí, en la localidad de Koukkala, Rosa Luxemburg se encuentra al grupo de dirigentes revolucionarios rusos que se beneficiaban de la relativa seguridad finlandesa y de su proximidad a San Petersburgo.

Rosa Luxemburg mantiene largas sesiones de discusión con Lenin y sus camaradas más próximos (Zinoviev y Kamenev, por ejemplo). Pero no fueron estas discusiones las que ocupaban su tiempo en Finlandia. La organización de la socialdemocracia de Hamburgo le había encargado escribir un folleto sobre la revolución rusa en general, y la huelga de masas en particular. A la elaboración de este texto, que entregaría a la imprenta con el título de *Huelga de masas, partido y sindicatos*[6], dedicó la mayor parte de su tiempo en Koukkala. El texto debería servir de material de discusión para el próximo Congreso del Partido socialdemócrata alemán que se iba a celebrar en septiembre en Manheim, y en el que Rosa Luxemburg había decidido hacer su reaparición en la escena alemana[7].

Huelga de masas, partido y sindicatos constituye una obra teórica de nexo entre dos etapas de la lucha antirrevisionista de Rosa Luxemburg. La primera, caracterizada por sus críticas a Bersntein y que tuvo su máxima expresión en el libro *¿Reforma social o revolución?* (1900). La segunda, su polémica con Karl Kautsky en 1910, acerca de las medidas a adoptar para combatir el intento del gobierno prusiano de imponer nuevas leyes antisocialistas. Esta polémica supuso un nuevo debate sobre la huelga de masas, estrategia que Rosa Luxemburg proponía como alternativa al obsesivo parlamentarismo que practicaba el Partido socialdemócrata alemán[8].

Es en esta obra en la que Rosa Luxemburg elabora su doctrina de la huelga de masas. Nettl resume en tres las lecciones de la revolución rusa que Rosa Luxemburg aplica a Alemania:

1)	La indivisibilidad de la lucha de clases proletaria, lo que quería decir que, por definición, las leccionesrusas podían ser aplicadas a Alemania. «Los obreros alemanes [...] deben considerar esta revolución (la rusa de 1905) como *un capítulo de su propia historia social y política*».

2)	El factor sorpresa gracias al cual el proletariado ruso su puso a la altura e incluso superó, en susreivindicaciones y en sus éxitos, a las clases obreras mejor organizadas, como la alemana.

4

En Polonia una serie de huelgas y levantamientos campesinos durante el año 1904 anunciaron la revolución de 1905. En noviembre de 1904 el Partido socialista polaco decidió recurrir a la insurrección. Rosa Luxemburg y los socialdemócratas polacos censuraron esta táctica directamente insurreccional para la que no veían condiciones en esos momentos; además consideraban, en oposición al nacionalismo exacerbado del partido socialista, que la revolución polaca no era una revolución nacional contra Rusia, sino parte integrante de la misma revolución rusa.

5

Escribe este trabajo en enero de 1906. Es el tercer folleto de una serie aparecida bajo este título. Los dos primeros los había escrito en Berlín entre abril y mayo de 1905. En este escrito Rosa Luxemburg trata el tema de la insurrección: considera que la huelga de masas ya no es suficiente y que había comenzado el periodo de los levantamientos de masas.

6

La primera edición apareció como «manuscrito impreso». Fue entregado a los delegados en el Congreso del partido en Manheim y a finales de noviembre distribuido a librerías. Pero la dirección del partido, presionada por los dirigentes sindicales, requisó y destruyó los ejemplares que quedaban de esta primera edición. Posteriormente apareció una segunda edición, en la que se atenuaban un determinado número de párrafos dirigidos contra los dirigentes sindicales. 7

El Congreso se celebró en Manheim del 23 al 29 de septiembre de 1906. En este Congreso, Rosa Luxemburg interviene como delegada de Bromberg y Posen y pronuncia dos discursos en los debates: uno sobre la huelga de masas política (26 de septiembre) y otro sobre la relación entre el partido y los sindicatos (28 de septiembre). 8

Esta polémica marcó la ruptura definitiva de Rosa Luxemburg con Kautsky, y la escisión de la izquierda socialdemócrata entre una nueva izquierda luxemburguiana (precursora de la Liga Espartaco y luego del partido Comunista de Alemania) y el «centro» kautskyano. Para algunos esta escisión se inicia prácticamente con anterioridad. Esto opina por ejemplo, Karl Radek cuando afirma en 1921: «Su escrito *(Huelga de masas...)* marca el comienzo de la separación del movimiento comunista y de la socialdemocracia en Alemania.»

Presentación

3) La inversión de la relación, considerada hasta entonces como normal, entre la organización y la acción. La tesis de Rosa Luxemburg es ésta: una buena organización no precede a la acción, sino que es su producto, la organización conoce un desarrollo mucho más potente en periodo de lucha que en periodo de calma.

Para Rosa Luxemburg la huelga de masas, experimentada por primera vez en una escala gigantesca por la revolución rusa, tenía el mérito indiscutible de llenar el vacío teórico que el fracaso de la Comuna de París y la crítica de Engels al insurreccionalismo (en su Introducción al libro de Marx *Las luchas de clases en Francia)* habían creado en la concepción revolucionaria. Para Rosa Luxmburg, la huelga de masas no es una simple «táctica» que debe ser utilizada por el proletariado para defender sus conquistas, sino por el contrario un elemento central de la «estrategia revolucionaria». Frente a la negación kautskyana de la insurrección y frente al blanquismo preconizado por los teóricos de la revolución de minorías, Rosa Luxemburg preconiza lo que ella denomina una «estrategia de derrocamiento», basada en la practica sistemática de la huelga de masas.

El texto de Rosa Luxemburg que presentamos —al igual que el resto de su obra— ha sido hasta época reciente un «texto olvidado». Escindido el movimiento marxista, a partir de la primera guerra mundial, en las dos grandes corrientes representadas por la Segunda y la Tercera Internacionales, ni una ni otra reivindicó como suyo el pensamiento luxemburgiano. La Segunda Internacional porque su reformismo le impulsaba a rechazar violentamente un discurso, cuyo núcleo giraba precisamente alrededor de la revolución social; la Tercera Internacional porque el de Rosa Luxemburg era un discurso «no leninista». Vale la pena recordar al respecto, la resolución elaborada por el Ejecutivo ampliado de la Tercera Internacional de marzoabril de 1925 —destinado a lanzar la campaña en pro de la blochevización de los partidos comunistas—, donde, entre otras cosas, se afirma que «es imposible asimilar el leninismo y aplicarlo a la formación de los partidos comunistas en el mundo entero, sin tener en cuenta los errores de muchos marxistas eminentes que intentaron aplicar el marxismo a las condiciones de la época actual, pero que no lo lograron completamente. Se trata de los errores de los comunistas de "izquierda" en Rusia, del grupo de los marxistas holandeses (Gorte y Pannekoek) y también de Rosa Luxemburg. Cuanto más próximos al leninismo están estos teóricos, más peligrosas son sus concepciones en los puntos en que divergen de él. Una verdadera bolchevización de ciertas secciones de la Internacional Comunista es hoy imposible si éstas no superan los errores del luxemburguismo, los cuales, en virtud de circunstancias históricas, desempeñan un papel considerable en sus países». Al enunciar los errores más importantes se incluye, en primer lugar, «un modo que no es bolchevique de tratar la cuestión de la "espontaneidad", de la "organización" y de las "masas". Tal error de los luxemburguistas, que no disponían de otra experiencia que la del Partido socialdemócrata alemán, con frecuencia restringía la amplitud de la lucha de clases y no les permitió comprender adecuadamente el papel del partido en la revolución».

Y si en 1925 una resolución de esta naturaleza colocaba fuera del leninismo al pensamiento luxemburgiano, pero seguía considerándolo, no obstante, como una corriente interna del movimiento revolucionario, en 1931 la carta abierta de Stalin a la revista de historia del partido *Proletárskaia Revolutsia* [1] , cierra definitivamente la cuestión al acusar al luxemburgiano Slutski de «trotskismo», y a este último, de «destacamento de vanguardia de la burguesía contrarrevolucionaria»; y al

---

[1] Stalin: *Sobre algunas cuestiones de la historia del bolchevismo*, Obras, XII, pp. 79-108.

asociar a Rosa Luxemburg, Parvus y Trotsky en la misma acusación: la de haber inventado y propagado la teoría herética de la «revolución permanente», que estaba en contradicción flagrante con la doctrina oficial del «socialismo en un solo país».

A partir de ese momento comienza la «clausura» de Rosa Luxemburg (apenas rota por la voz solitaria de Trotsky, que escribe un artículo de denuncia de las falsificaciones de Stalin, titulado *Fuera las manos de Rosa Luxemburg*). Su figura y fundamentalmente su pensamiento se desvanecen, negada por unos, menoscabada por otros, odiada en el fondo por ambos. Hacer conocer sus escritos siguió siendo la tarea del pequeño grupo de revolucionarios que continuó fiel a su memoria. Hubo que esperar la década del sesenta para su «descubrimiento».

Capítulo 1. I

Casi todos los escritos y declaraciones del socialismo internacional que tratan de la cuestión de la huelga general datan de la época *anterior* a la revolución rusa, experiencia en la que este medio de lucha fue utilizada en vasta escala por primera vez en la historia. Ello explica el envejecimiento de la mayoría de dichos textos. En su concepción se inspiran en Engels quien, criticando a Bakunin y a su manía de fabricar artificialmente la revolución en España, escribía en 1873:

«En el programa bakuninista, la huelga general es la palanca de que hay que valerse para desencadenar la revolución social. Una buena mañana, los obreros de todos los gremios de un país, y hasta del mudo entero, dejan el trabajo y, en cuatro semanas a lo sumo, obligan a las clases poseedoras a darse por vencidas o a lanzarse contra los obreros, con lo cual dan a éstos el derecho a defenderse y a derribar, aprovechando la ocasión, toda la vieja organización social. La idea dista mucho de ser nueva; primero, los socialistas franceses y luego los belgas se han hartado, desde 1848, de montar este palafrén que es, sin embargo, por su origen, un caballo de raza inglesa, Durante el rápido e intenso auge del cartismo entre los obreros británicos, que siguió a la crisis de 1837, se predicó, ya en 1839, el «mes santo», el paro en escala nacional (véase Engels: *La situación de la clase obrera en Inglaterra,* segunda edición, p. 234); y la idea tuvo tanta resonancia que los obreros fabriles del norte de Inglaterra intentaron ponerla en práctica en julio de 1842. También en el Congreso de los aliancistas, celebrado en Ginebra el 1 de septiembre de 1873, desempeñó un gran papel la huelga general, si bien, se reconoció por todo el mundo, que para esto hacía falta una organización perfecta de la clase obrera y una caja bien repleta. Y aquí precisamente la dificultad del asunto. De una parte, los gobiernos, sobre todo si se les deja envalentonarse con el abstencionismo político, jamás permitirán que la organización ni las cajas de los obreros lleguen tan lejos; y, por otra parte, los acontecimientos políticos y los abusos de las clases gobernantes facilitarán la emancipación de los obreros mucho antes de que el proletariado llegue a reunir esa organización ideal y ese gigantesco fondo de reserva. Pero, si dispusiese de ambas cosas, no necesitaría dar el rodeo de la huelga general para llegar a la meta[2].»

En los años siguientes, la actitud de la socialdemocracia internacional frente a la huelga de masas se fundó en una argumentación semejante. Esta concepción está dirigida contra la teoría anarquista de la huelga general, que opone esta acción a la lucha política cotidiana de la clase obrera. Y gira alrededor de un dilema muy simple: o bien, el proletariado en su conjunto, no dispone todavía ni de organización ni de fondos considerables —y entonces no puede realizar la huelga general—, o bien los obreros están lo suficientemente organizados como para no tener necesidad de la huelga general. A decir verdad, esta argumentación es tan simple y tan inatacable, que durante un siglo prestó inmensos servicios al movimiento obrero moderno, ya sea para combatir en nombre de la lógica a las

---

2 F. Engels: «Los bakuninistas en acción», en K. Marx-F. Engels: *La revolución española*, Edic. Lenguas Extranjeras, Moscú, s/ f., pp. 196-197.

quimeras anarquistas, ya sea como medio auxiliar para llevar la idea de la lucha política a las capas más profundas de la clase obrera. Los progresos gigantescos del movimiento obrero en todos los países modernos en el curso de los últimos veinticinco años prueban de una manera brillante la táctica de la lucha política preconizada por Marx y Engels, en oposición al bakuninismo; y la socialdemocracia alemana, con su pujanza actual, con su colocación en la vanguardia de todo el movimiento obrero internacional, es en gran parte el producto directo de la aplicación consecuente y rigurosa de esta táctica.

Pero ahora la revolución rusa ha sometido esta argumentación a una revisión fundamental. Por primera vez, en la historia de las luchas de clases, ha permitido una realización grandiosa de la idea de la huelga de masas e incluso —ya lo explicaremos más en detalle— de la huelga general, inaugurando de este modo una época nueva en la evolución del movimiento obrero.

Es cierto que no podemos concluir de esto que Marx y Engels sostuvieron erróneamente la táctica de la lucha política, o que la crítica que hicieron del anarquismo es falsa. Muy por el contrario, se trata de los mismos razonamientos, de los mismos métodos en los que se inspira la táctica de Marx y Engels y que funda, I

todavía hoy, la práctica de la socialdemocracia alemana y que, en la revolución rusa, han producido nuevos elementos y nuevas condiciones de la lucha de clases.

La revolución rusa, esa misma revolución que constituye la primera experiencia histórica de la huelga general, no sólo no ha rehabilitado al anarquismo, sino que incluso equivale a una *liquidación histórica del anarquismo*. Se podría pensar que el reinado exclusivo del parlamentarismo durante un periodo tan largo explicaba tal vez la existencia vegetativa a que estaba condenada esta tendencia por el poderoso desarrollo de la socialdemocracia alemana. Se podría suponer ciertamente que el movimiento orientado exclusivamente hacia la «ofensiva» y la «acción directa», una «tendencia revolucionaria» en el sentido más estrecho, había sido simplemente adormecida por el traqueteo de la rutina parlamentaria, pero estaba pronta a despertarse en el momento de un retorno al periodo de lucha abierta, en una revolución callejera, y desplegando entonces su fuerza interna.

Rusia sobre todo parecía particularmente preparada para servir de campo de experiencias a las hazañas anarquistas. Un país donde el proletariado no tenía absolutamente ningún derecho político, y sólo poseía una organización extremadamente débil, una mezcla confusa de poblaciones distintas, con intereses muy diversos, que se desplazaba y entrecruzaba; el bajo nivel cultural en el que vegetaba la gran masa del pueblo, la más extrema brutalidad empleada por el régimen reinante, todo esto debía contribuir a dar al anarquismo un poder repentino, aunque quizá efímero. Al fin de cuentas, ¿acaso Rusia no era históricamente la cuna del anarquismo? Sin embargo, la patria de Bakunin debía convertirse en la tumba de su doctrina. No sólo los anarquistas no estuvieron, ni están, a la cabeza del movimiento de huelga de masas en Rusia, no sólo la dirección política de la acción revolucionaria y también de la huelga de masas están totalmente en manos de las organizaciones socialdemócratas —denunciadas con encarnizamiento por los anarquistas como «un partido burgués»— o en manos de organizaciones socialistas influenciadas de algún modo por la socialdemocracia o cercanas a élla, como el partido terrorista de los «socialistas revolucionarios»[3], sino que el anarquismo es absolutamente inexistente en la revolución rusa como tendencia política seria.

En una pequeña ciudad de Lituania, donde las condiciones son particularmente difíciles —donde los obreros tienen orígenes nacionales muy diversos, la pequeña industria está muy esparcida, y el nivel del proletariado es muy bajo—, en Bialystok, se cuentan, entre los seis o siete grupos revolucionarios diferentes, un puñado de «anarquistas» o pretendidamente tales, que mantienen con todas sus fuerzas la confusión y el desorden de la clase obrera. Se puede también observar en Moscú y tal vez en dos o tres ciudades más, un puñado de gente de este tipo. Pero aparte de estos escasos grupos «revolucionarios», ¿cuál es el papel desempeñado por el anarquismo en la revolución rusa? Se ha convertido en el portaestandarte de vulgares ladrones y saqueadores; bajo el rótulo del «anarco-comunismo» se cometieron gran parte de esos

---

[3] El partido socialista revolucionario, creado en 1900 por Chernov. Heredero del socialismo tradicional ruso preconizaba la colectivización de la tierra en el marco del *mir*. Estaba compuesto de dos ramas, una de ellas, terrorista, responsable entre otros del asesinato de tres ministros del Interior y del Gran duque Sergio en 1905.

innumerables robos y pillajes a particulares que, en este periodo de depresión, de reflujo momentáneo de la revolución, se expanden como una ola de fango. El anarquismo en la revolución rusa no es la teoría del proletariado militante, sino el portaestandarte ideológico del lumpenproletariado contrarrevolucionario, que gruñe como una bandada de tiburones tras la estela del navío de guerra de la revolución. Y de esta manera concluye, sin duda, la carrera histórica del anarquismo.

Por otra parte, la huelga de masas fue practicada en Rusia no como un medio de instalarse de entrada, mediante un golpe de efecto, en la revolución social, ahorrándose la lucha política de la clase obrera y particularmente el parlamentarismo, sino como un medio de crear, primero para el proletariado, las condiciones de la lucha política cotidiana y en particular del parlamentarismo. En Rusia, la población laboriosa y a la cabeza de ésta, el proletariado, llevan adelante la lucha revolucionaria sirviéndose de las huelgas de masas como del arma más eficaz para conquistar, precisamente, esos mismos derechos y condiciones políticas cuya necesidad e importancia en la lucha por la emancipación de la clase obrera fueron demostradas por Marx y Engels, quienes las defendieron con todas sus fuerzas en el seno de la Internacional, oponiéndose al anarquismo. De este modo, la dialéctica de la historia, la roca sobre la cual reposa toda la doctrina del socialismo marxista, tuvo por resultado que el anarquismo, ligado indisolublemente a la idea de la huelga de masas, haya entrado en contradicción con la práctica de la propia huelga de masas. Y esta última, a su vez, combatida en otra época como contraria a la acción política del proletariado, aparece hoy como el arma más poderosa de la lucha política por la conquista de los derechos políticos. Si es verdad que la revolución rusa obliga a revisar fundamentalmente el antiguo punto de vista marxista, respecto de la huelga I

de masas, sólo el marxismo, sin embargo, sus métodos y sus puntos de vista generales, podrán alcanzar la victoria bajo una nueva forma. «La mujer amada por Moro sólo puede morir a manos de Moro[4].»

---

[4] Las palabras sobre la prometida de Karl Moor (Moro en castellano) están tomadas del célebre drama de Schiller, *Los bandidos*.

Capítulo 2. II

Por lo que respecta a la huelga de masas, los acontecimientos en Rusia nos obligan a revisar, antes que nada, la concepción general del problema. Hasta el presente, aquellos que eran partidarios de «ensayar la huelga de masas» en Alemania, los Bernstein, Eisner, etc., así como los adversarios rigurosos de semejante tentativa, representados en el sindicato, por ejemplo, por Bömelburg[5], se atenían a una misma concepción, a saber, la concepción anarquista. Los polos opuestos, en apariencia, no sólo no se excluyen, sino que se condicionan y complementan recíprocamente. Para la concepción anarquista de las cosas, en efecto, la especulación sobre la «gran conmoción», sobre la revolución social, constituye solamente algo exterior y no esencial; lo esencial es la manera totalmente abstracta, antihistórica de considerar tanto la huelga de masas como, por otra parte, las condiciones de la lucha proletaria. El anarquista no concibe sino dos condiciones materiales previas de esas especulaciones «revolucionarias»; primero, el «espacio etéreo» y luego la buena voluntad y el coraje para salvar a la humanidad del valle de lágrimas capitalista donde gime hasta el presente. Es en ese «espacio etéreo» donde nació tal razonamiento, hace más de sesenta años, época en que la huelga de masas era ya el medio más corto, seguro y fácil de efectuar el salto peligroso hacia un más allá social mejor. Es en ese mismo «espacio abstracto» donde nació recientemente la idea, surgida de la especulación teórica,

---

[5] Bömelburg, sindicalista alemán de la Federación de la Construcción (1852-1912). En el Congreso de Colonia, en 1905, rechazó las tentativas de introducir una nueva táctica, basada en la huelga política de masas.

de que la lucha sindical es la única «acción de masas directa» real y, en consecuencia, la única lucha revolucionaria —último estribillo, como se sabe, de los «sindicalistas» franceses e italianos—. Pero para desgracia del anarquismo, los métodos de lucha improvisados en el «espacio etéreo» se revelaron siempre como meras utopías; además, como la mayoría de las veces se negaban a considerar la triste y despreciable realidad, dejaban insensiblemente de ser teorías revolucionarias, para convertirse en auxiliares prácticas de la reacción.

Ahora bien, es sobre el mismo terreno de la consideración abstracta y *despreocupada por la historia* donde se colocan hoy, por una parte, quienes quisieran desencadenar próximamente en Alemania la huelga de masas en un día determinado del calendario, mediante un decreto de la dirección del Partido y, por otra parte, aquellos que, como los delegados del congreso sindical de Hamburgo, quieren liquidar definitivamente el problema de la huelga de masas, prohibiendo su «propaganda». Tanto una como otra tendencia parten de la idea común y absolutamente anarquista de que la huelga de masas es sólo un arma puramente técnica que podría, según se lo juzgue útil, y a voluntad, ser «decidida» o inversamente «prohibida», como un cuchillo que se puede mantener, ante toda eventualidad, metido en el bolsillo o por el contrario listo para ser usado cuando uno lo decide. Indudablemente los adversarios de la huelga de masas reivindican con justicia el mérito de tener en cuenta el terreno histórico y las condiciones materiales de la situación actual en Alemania, en oposición a los «románticos de la revolución» que flotan en el espacio inmaterial y se niegan absolutamente a encarar la dura realidad, sus posibilidades e imposibilidades. «Hechos y cifras, cifras y hechos» exclaman como Grangrind en *Los tiempos difíciles* de Dickens. Lo que los adversarios sindicalistas de la huelga de masas entienden por «terreno histórico» y «condiciones materiales» son dos elementos diferentes: por una parte, la debilidad del proletariado, por otra, la fuerza del militarismo prusiano.

La insuficiencia de las organizaciones obreras y el estado de los fondos, el poder de las bayonetas prusianas: tales son los «hechos y cifras» sobre los que esos dirigentes sindicales fundan su concepción práctica del problema. Es cierto que, tanto la caja sindical como las bayonetas prusianas constituyen incontestablemente hechos materiales e incluso muy históricos, pero la concepción política fundada sobre esos hechos no es el materialismo histórico en el sentido de Marx, sino un materialismo policial del tipo de Puttkammer [6]. Incluso los representantes del Estado policial confían mucho, y hasta de modo exclusivo, en la potencia efectiva del proletariado organizado a cada momento y en el poder material de las bayonetas. Del cuadro comparativo de esas dos cifras no dejan de extraer esta conclusión tranquilizadora: el movimiento obrero revolucionario es producido por dirigentes, agitadores; *ergo* tenemos en las prisiones y en las bayonetas un medio suficiente para convertirnos en amos de ese «fenómeno pasajero y desagradable».

---

[6] Puttkammer, 1828-1900, Ministro del Interior de Alemania de 1881 a 1888.

La clase obrera consciente que Alemania ha comprendido desde hace tiempo la comicidad de esta teoría policial según la cual, todo el movimiento obrero sería el producto artificial y arbitrario de un puñado de «agitadores y dirigentes» sin escrúpulos. Vemos manifestarse la misma concepción cuando dos o tres bravos camaradas forman un piquete de guardianes voluntarios, para alertar a la clase obrera alemana contra los II

manejos peligrosos de algunos «románticos de la revolución» y de su «propaganda en favor de la huelga de masas»; o también cuando desde el sector adversario se asiste al lanzamiento de una campaña indignada y lacrimosa por parte de aquellos que, sintiéndose decepcionados en su espera de una explosión de la huelga de masas en Alemania, se creen frustrados por no se sabe qué acuerdos «secretos» entre la dirección del partido y el Consejo central de los sindicatos. Si el desencadenamiento de las huelgas dependiese de la «propaganda» incendiaria de los «románticos de la revolución» o de las decisiones secretas o públicas de los comités directivos no hubiéramos tenido hasta aquí ninguna huelga de masas importante en Rusia. No existe país —como ya lo señalé en la *Sächsische Arbeiterzeitung* [Gaceta obrera de Sajonia] en marzo de 1905— donde se haya pensado en «propagar» e incluso discutir la huelga de masas tan poco como en Rusia. Y los pocos ejemplos aislados de resoluciones y acuerdos de la dirección del partido socialista ruso que decretaban la huelga total y general — como la última tentativa en agosto de 1905 después de la disolución de la Duma — han fracasado casi por completo. En consecuencia, la revolución rusa nos enseña que la huelga de masas no es ni «fabricada» artificialmente ni «decidida» o «propagada» en un espacio inmaterial y abstracto, sino que representa un fenómeno histórico resultante en un cierto momento de una situación social, a partir de una necesidad histórica.

Por lo tanto, el problema no se resolverá mediante especulaciones abstractas acerca de la posibilidad o la imposibilidad, sobre la utilidad o el riesgo de la huelga de masas, sino a través del estudio de los factores y de la situación social que provoca la huelga de masas en la fase actual de la lucha de clases. Ese problema no será comprendido y no podrá ser discutido a partir de una apreciación subjetiva de la huelga general tomando en consideración lo que es deseable o no, sino a partir de un *examen objetivo* de los orígenes de la huelga de masas, interrogándonos sobre si es históricamente necesaria.

En el espacio inmaterial del análisis lógico abstracto se puede probar, con el mismo rigor, tanto la imposibilidad absoluta, la derrota indudable de la huelga de masas, como su posibilidad absoluta y su victoria segura. De este modo el valor de la demostración es, en los dos casos, el mismo, quiero decir, nulo. Por eso, temer a la propaganda en favor de la huelga de masas, pretender excomulgar formalmente a los culpable de ese crimen, es caer víctima de un malentendido absurdo. Es tan imposible «propagar» la huelga de masas como medio abstracto de lucha como «propagar» la revolución. La «revolución» y la «huelga de masas» son conceptos que, en sí mismos, constituyen únicamente la forma exterior de la lucha de clases y sólo tienen sentido y contenido en relación a situaciones políticas bien determinadas.

Emprender una propagando en regla en favor de la huelga de masas como forma de la acción proletaria, querer extender esta «idea» para ganar poco a poco a la clase obrera sería una ocupación tan ociosa, tan vana e insípida como emprender una campaña de propaganda por la idea de la revolución o del combate en las barricadas. Si en la hora presente la huelga de masas se convirtió en el centro de vivo interés de la clase obrera alemana e internacional, es porque representa una nueva forma de lucha y, como tal, es el síntoma auténtico de profundos cambios interiores en las relaciones de las clases y en las condiciones de la lucha de clases. El hecho de que la masa de los proletarios alemanes manifieste un interés tan ardiente por este problema nuevo —a pesar de la resistencia obstinada de sus dirigentes sindicales— es un testimonio de su seguro instinto revolucionario y de su clara inteligencia. Pero no se responderá a este interés, a esta noble sed intelectual, a este impulso de los obreros hacia la acción revolucionaria disertando con una gimnasia cerebral abstracta acerca de la posibilidad o imposibilidad de la huelga de masas; se responderá explicando el desarrollo de la revolución rusa, su importancia internacional, la exasperación de los conflictos de clase en Europa Occidental, las nuevas perspectivas políticas de la lucha de clases en Alemania, el papel y los deberes de las masas en las luchas futuras. Sólo bajo esta forma la discusión sobre la huelga de masas servirá para ampliar el horizonte intelectual del proletariado, contribuirá a aguzar su conciencia de clase, a profundizar sus ideas y fortificar su energía para la acción. En esta perspectiva, por lo demás, aparece la ridiculez del proceso criminal intentado por los adversarios del «romanticismo revolucionario» que acusan a los sustentadores de esta tendencia de no haber obedecido al pie de la letra la resolución de Jena[7]. Los partidarios de una política «razonable y práctica» aceptan en rigor esta resolución porque vincula la huelga de masas con el destino del sufragio universal. Creen poder extraer dos conclusiones: 1) que la huelga de masas conserva un carácter puramente defensivo; 2) que está subordinada al parlamentarismo, transformado en un simple anexo del parlamentarismo. Pero el verdadero fondo de la resolución de Jena es el análisis según II

el cual en el estado actual de Alemania un ataque de la reacción y del poder contra el sufragio universal en las elecciones al Reichstag, podría ser el factor que desencadenara un periodo de luchas políticas tempestuosas. Entonces por primera vez en Alemania la huelga de masas podría ser aplicada.

Querer restringir y mutilar artificialmente mediante el texto de una resolución de congreso el alcance social y el campo histórico de la huelga de masas, como problema y

---

[7] En el Congreso de Jena (1905) del Partido Socialdemócrata Alemán, se votó una resolución reconociendo la huelga de masas como un arma eventual del proletariado, en particular para la defensa de los derechos parlamentarios. La resolución consideraba favorablemente la discusión de tal eventualidad en el partido. Esta resolución, de la que Babel era el autor, fue juzgada como demasiado tibia por Rosa Luxemburg, aunque ella consideraba, a la vez que, el ala de izquierda del partido había logrado, a pesar de todo, una victoria en dicho congreso. [Nota del traductor.]

como fenómeno de la lucha de clases, es dar pruebas de un espíritu tan estrecho y limitado como el que se manifiesta en la resolución del Congreso de Colonia[8], que prohíbe la discusión de la huelga de masas. En la resolución de Jena, la socialdemocracia alemana ha levantado acta oficialmente de la profunda transformación lograda por la revolución rusa en las condiciones internacionales de la lucha de clases; allí manifestaba su capacidad de evolución revolucionaria, de adaptación a las nuevas exigencias de la fase futura de las luchas de clases. En esto reside la importancia de la resolución de Jena. En cuanto a la aplicación práctica de la huelga de masas en Alemania, la historia decidirá sobre ello como lo hizo en Rusia. Para la historia, la socialdemocracia y sus resoluciones constituyen un factor importante, ciertamente, pero un factor entre muchos otros.

---

[8] En el Congreso sindical de Colonia (1905), los sindicatos reclamaron cierta autonomía frente al partido y rechazaron la discusión sobre la huelga de masas.

Capítulo 3. III

La huelga de masas, tal como se presenta actualmente en Alemania, en cuanto tema de discusión, es un fenómeno muy claro y muy simple de concebir, sus limitaciones son precisas: se trata solamente de la huelga política de masas. Por tal se entiende un paro masivo y único del proletariado industrial, emprendido con ocasión de un hecho político de mayor alcance, sobre la base de un acuerdo recíproco entre las direcciones del partido y de los sindicatos, y que, llevado adelante en el orden más perfecto y dentro de un espíritu de disciplina, cesa en un orden más perfecto aun ante una consigna dada en el momento oportuno por los centros dirigentes. Queda establecido, como es natural, que el ajuste de cuentas de los subsidios, gastos, sacrificios, en una palabra, todo el balance material de la huelga, es determinado previamente con precisión.

Ahora bien, si comparamos este esquema teórico con la huelga de masas tal como se manifiesta en Rusia desde hace cinco años, nos vemos obligados a señalar que el concepto alrededor del cual giran todas las discusiones alemanas no corresponden a la realidad de ninguna de las huelgas de masas que se ha producido, y que, por otra parte, las huelgas de masas en Rusia se presentan bajo formas tan variadas que es absolutamente imposible hablar de «la» huelga de masas, de una huelga esquemáticamente abstracta.

No sólo cada uno de los elementos de la huelga de masas, al igual que sus caracteres, difieren según las ciudades y las regiones, sino que hasta su propio carácter general se ha modificado muchas veces en el curso de la revolución.

Las huelgas de masas conocieron en Rusia una cierta evolución histórica que aún continúa. De este modo, quien quiera hablar de la huelga de masas en Rusia, deberá ante todo, tener esa historia ante sus ojos.

El periodo actual, por así decirlo oficial, de la revolución rusa es datado, y con razón, a partir de la sublevación rusa del proletariado de San Petersburgo el 22 de enero de 1905, ese desfile de 200.000 obreros delante del palacio de los zares y que concluyó con una terrible masacre. El sangriento tiroteo de San Petersburgo fue, como se sabe, la señal que desencadenó la primera serie de huelgas de masas. En pocos días éstas se extendieron por toda Rusia e hicieron resonar el llamamiento a la revolución en todos los rincones del imperio, ganando a todas las capas del proletariado.

Pero ese levantamiento de San Petersburgo, del 22 de enero, era sólo el punto culminante de una huelga de masas que había puesto en movimiento a todo el proletariado de la capital del zar en enero de 1905. A su vez, esta huelga de enero en San Petersburgo era la consecuencia inmediata de la gigantesca huelga general que había estallado poco antes, en diciembre de 1904, en el Cáucaso (Bakú) y que mantuvo a Rusia pendiente durante mucho tiempo. Ahora bien, los acontecimientos de diciembre en Bakú eran en sí mismos, sólo un último y poderoso eco de las grandes huelgas que en 1903 y 1904, semejantes a temblores de tierra episódicos, sacudieron todo el sur de Rusia y cuyo prólogo fue la huelga de Batum, en el Cáucaso, en marzo de 1902. En última instancia esta primera serie de huelgas, en la cadena de erupciones revolucionarias actuales, está alejada sólo en cinco o seis años de la huelga general de los obreros textiles de San Petersburgo, en 1896-1897. Se podría creer que algunos años de tranquilidad aparente y de reacción severa separan el movimiento de entonces de la revolución de hoy; pero basta conocer un poco la evolución política interna de su conciencia de clase y de su energía revolucionaria, para remontar la historia del periodo presente de las luchas de masas a las huelgas generales de San Petersburgo. Estas son importantes para nuestro problema, porque contienen ya, en germen, todos los elementos principales de las huelgas de masas que siguieron. En una primera aproximación, la huelga general de 1896 de San Petersburgo aparece como una lucha reivindicativa parcial, con objetivos puramente económicos. Fue provocada por las condiciones intolerables de trabajo de los hilanderos y de los tejedores de esa ciudad: jornadas de trabajo de trece, catorce y quince horas, salarios por piezas miserables; a esto se le agrega el conjunto de vejaciones patronales. Sin embargo, los obreros textiles soportaron mucho tiempo esta situación hasta que un incidente mínimo en apariencia hizo desbordar la medida. En efecto, en mayo de 1896 tuvo lugar la coronación del actual zar, Nicolás II, que se había diferido durante dos años por miedo a los revolucionarios. En esta ocasión, los patronos manifestaron su celo patriótico, imponiendo a sus obreros tres días de paro forzoso, negándose por otra parte, cosa notable, a pagar los salarios de esas jornadas. Los obreros textiles exasperados, se pusieron en movimiento. Después de una asamblea en el jardín de Ekaterinov, en la que participaron alredor de trescientos obreros entre los más duros políticamente. Se decidió ir a la huelga, formulándose las reivindicaciones siguientes: 1) las jornadas de coronación debían ser pagadas; 2) duración del trabajo reducida a diez horas; 3) aumento del salario. Esto ocurría el 24 de mayo. Una semana después todas las fábricas de tejidos y las hilanderías estaban cerradas y 40.000 obreros estaban en huelga. Hoy este acontecimiento, comparado con las vastas huelgas de la revolución, puede parecer mínimo. Dentro del clima de estancamiento político de Rusia en esa época, una huelga general era algo inaudito: representaba toda una revolución en miniatura. Naturalmente que a continuación se desató la represión más brutal; alrededor de un millar de obreros fueron detenidos y enviados a sus lugares de origen, la huelga general fue aplastada. Vemos ya perfilarse todos los caracteres de la futura huelga de masas: primero, la ocasión que desencadenó el movimiento fue fortuita e incluso accesoria, la explosión fue espontánea. Pero en la manera en que el movimiento fue puesto en marcha se manifestaron los frutos de la propaganda llevada adelante durante varios años por la socialdemocracia. En el curso de la huelga general los propagandistas socialdemócratas permanecieron a la cabeza del movimiento, lo dirigieron e hicieron de él un trampolín para una viva agitación revolucionaria. Por otra parte, si las huelgas parecían, exteriormente, limitarse a una reivindicación puramente económica referida a los salarios, la actitud del gobierno, así como la agitación socialista, las convirtieron en un acontecimiento político de primer orden. Al fin de cuentas la huelga fue aplastada, los obreros sufrieron una «derrota». No obstante, a partir del mes de enero del año siguiente (1897), los obreros textiles de San Petersburgo volvieron a la huelga general, obteniendo esta vez un éxito evidente: la instauración de la jornada de once horas y media en toda Rusia. Pero hubo un resultado más importante aún: después de la primera huelga general de 1896, que fue emprendida sin asomos siquiera de organización obrera y sin fondos de huelga, se organizó poco a poco en Rusia propiamente dicha una lucha sindical intensiva que se extendió muy pronto de San Petersburgo al resto del país, abriendo perspectivas totalmente nuevas a la propaganda y a la organización de la socialdemocracia. De este modo, un trabajo invisible y subterráneo preparaba, en el aparente silencio sepulcral de los años que siguieron, la revolución proletaria. La huelga del Cáucaso, en marzo de 1902, explotó de manera tan fortuita como la de 1896, y parecía también ser el resultado de factores puramente económicos, atenerse a las reivindicaciones parciales. Esta huelga está vinculada con la dura crisis industrial y comercial que precedió en Rusia a la guerra ruso-japonesa y contribuyó mucho a crear, lo mismo que esa guerra, la fermentación revolucionaria. La crisis engendró una desocupación enorme que alimentó el descontento en la masa de los proletarios. El gobierno emprendió también la tarea de remitir progresivamente la «mano de obra inútil» a su región de origen para tranquilizar a la clase obrera. Esta medida, que debía afectar a unos cuatrocientos obreros petroleros, provocó, precisamente en Batum, una protesta masiva. Hubo manifestaciones, arrestos, una represión sangrienta y, finalmente, un proceso político, durante el cual la lucha por reivindicaciones parciales y puramente económicas adquirió el carácter de un acontecimiento político y revolucionario. Esta misma huelga de Batum, que no logró éxito y que culminó en una derrota, tuvo por resultado una serie de manifestaciones revolucionarias de masa en Nijni-Novgorod, en Saratov, en otras ciudades; en consecuencia fue el origen de una ola revolucionaria general. A partir de noviembre de 1902, vemos su primera repercusión verdadera bajo la forma de una huelga general en Rostov del Don. Este movimiento fue desencadenado por un conflicto que se produjo en los talleres del ferrocarril de Vladicáucaso a causa de los salarios. Como la administración quiso reducir los salarios, el Comité socialdemócrata del Don publicó un manifiesto llamando a la huelga y planteando las siguientes reivindicaciones: jornada de nueve horas, aumento de salarios, supresión de los castigos, despido de los ingenieros impopulares, etc. Todos los talleres del ferrocarril entraron en huelga. Todas las otras ramas de actividades se unieron al paro, y Rostov conoció repentinamente una situación sin precedentes: había un paro general del trabajo en la industria, todos los días tenían lugar mítines monstruos de 15 a 20.000 obreros al aire libre, a veces los manifestantes estaban rodeados por un cordón de cosacos; los oradores socialdemócratas tomaron allí la palabra públicamente por primera vez; se pronunciaban discursos inflamados sobre el socialismo y la libertad política y eran recibidos con un entusiasmo extraordinario; los panfletos revolucionarios eran difundidos por decenas de millares de ejemplares. En medio de la Rusia inmovilizada en su absolutismo, el proletariado de Rostov conquista, por primera veza, en el fuego de la acción, el derecho de reunión, la libertad de palabra. Como es natural la represión sangrienta no se hizo esperar. En pocos días, las reivindicaciones salariales en los talleres de ferrocarril de Vladicáucaso habían tomado las proporciones de una huelga general política y de una batalla callejera revolucionaria. Una segunda huelga general siguió inmediatamente a la primera, esta vez en la estación de Tichoretzkaia, sobre la misma línea de ferrocarril. Allí también dio lugar a una represión sangrienta, luego a un proceso y, a su turno, Tichoretzkaia ocupó un sitio en la cadena ininterrumpida de los episodios revolucionarios. La primavera de 1903 trajo consigo un desquite a las derrotas de las huelgas de Rostov y Tichoretzkaia: en mayo, junio, julio, todo el sur de Rusia arde. Literalmente hay una huelga general en Bakú, Tiflís, Batum, Elisavetgrad, Odesa, Kiev, Nicolaiev, Ekaterinoslav. Pero tampoco allí el movimiento es iniciado a partir de un centro, según un plan preconcebido: se desencadena en diversos puntos, por diversos motivos y bajo formas diferentes para confluir luego. Bakú abre la marcha: varias reivindicaciones parciales de salarios en diversas fábricas y ramos culminan en una huelga general. En Tiflís son dos mil empleados de comercio, cuyas jornadas de trabajo van de las seis de la mañana a las once de la noche, los que comienzan la huelga; el 4 de julio, a las ocho de la noche, todos abandonan los negocios y desfilan en manifestación a través de la ciudad para obligar a los comerciantes a cerrar. La victoria es completa: los empleados de comercio obtienen la jornada de trabajo de ocho a ocho horas y media; el movimiento se extiende inmediatamente a las fábricas, a los talleres, a las oficinas. Los diarios dejan de aparecer, los tranvías sólo circulan bajo la protección de la tropa. En Elisavetgrad, la huelga se desató el 10 de julio en todas la fábricas, teniendo como objetivo reivindicaciones puramente económicas. Estas son aceptadas en su mayoría y la huelga cesa el 14 de julio. Pero dos semanas más tarde estalla de nuevo; esta vez son los panaderos los que dan la consigna, seguidos por los canteros, los carpinteros, los tintoreros, los molineros y, finalmente, por todos los obreros de las fábricas. En Odesa el movimiento comienza por una reivindicación salarial, en la que participa la asociación obrera «legal» fundada por los agentes del gobierno según el programa del célebre policía Zubatov. Esta es también una de las más sorprendentes astucias de la dialéctica histórica. Las luchas económicas del periodo precedente —entre otras, la gran huelga general de San Petersburgo (en 1896)— habían llevado a la socialdemocracia rusa a exagerar, lo que se ha dado en llamar, el «economicismo», preparando por ese costado en la clase obrera el terreno a las actividades demagógicas de Zubatov. Pero un poco mas tarde la gran corriente revolucionaria hizo virar de norte al esquife de los falsos pabellones y lo obligó a bogar a la cabeza de la flotilla proletaria revolucionaria. Son las asociaciones de Zubatov las que dieron en la primavera de 1904 la consigna de la huelga general de San Petersburgo. Los trabajadores de Odesa, que se habían acunado hasta entonces con la ilusión de la benevolencia del gobierno con respecto a ellos y con su simpatía en favor de una lucha puramente económica, quisieron de repente ponerlas a prueba: obligaron a la «Asociación obrera» de Zubatov a proclamar la huelga con objetivos reivindicativos modestos. El patrón los echó simplemente a la calle, y, cuando reclamaron al jefe de la Asociación el apoyo gubernamental prometido, este personaje los evitó, cosa que llevó al colmo la fermentación revolucionaria. Inmediatamente los socialdemócratas tomaron el mando del movimiento de huelga, que ganó otras fábricas. El 1 de julio, huelga de 2.500 obreros de los ferrocarriles; el 4 de julio, los obreros del puerto entran en huelga, reclamando un aumento de salarios que iba de los 80 kopeks a dos rublos y una reducción de una media hora en la jornada de trabajo. El 6 de julio los marinos se unen al movimiento. El 13 de julio, paro del personal de los tranvías. Tiene lugar una reunión de todos los huelguistas —7 a 8.000 personas—; la manifestación se forma y va de fábrica en fábrica, crece como una avalancha, hasta contar con una masa de 40 a 50.000 personas, y llega hasta el puerto para organizar un paro general. Muy pronto en toda la ciudad reina la huelga general. En Kiev, paro general el 21 de julio en los talleres de ferrocarril. Allí también lo que desencadena el paro son las condiciones miserables de trabajo y las reivindicaciones salariales. Al día siguiente las fundiciones siguen el ejemplo. El 23 de julio se produce un incidente que da la señal de la huelga general. A la noche dos delegados de los ferroviarios son detenidos; los huelguistas reclaman su inmediata libertad; ante la negativa que se les opone deciden impedir que los trenes salgan de la ciudad. En la estación todos los huelguistas con sus mujeres y sus hijos se apostan sobre los rieles como una verdadera marea humana. Se amenaza con abrir fuego sobre ellos. Los obreros desnudan sus pechos gritando: «¡Tiren!» Se tira sobre la multitud, hay de treinta a cuarenta muertos, entre los cuales se cuentan mujeres y niños. Ante esta noticia, todo Kiev se alza en huelga. Los cadáveres de las víctimas son transportados a hombros acompañados por un cortejo impresionante. Reuniones, discursos, arrestos, combates aislados en la calle —Kiev está en plena revolución. El movimiento se detiene rápidamente; pero los tipógrafos han ganado una reducción de una hora en la jornada de trabajo, así como un aumento de salario de un rublo; se concede la jornada de ocho horas en una fábrica de porcelana; los talleres de ferrocarril son cerrados por decisión ministerial; otras profesiones continúan huelgas parciales por sus reivindicaciones. Por contagio, la huelga general gana Nicolaiev, bajo la influencia inmediata de las noticias de Odesa, de Bakú, de Batum y de Tiflís, y a pesar de la resistencia del comité socialdemócrata, que quería retardar el estallido del movimiento hasta el momento en que la tropa saliera de la ciudad para las maniobras, no se pudo frenar el movimiento de masa. Los huelguistas iban de taller en taller; la resistencia de la tropa no hizo más que echar aceite al fuego. Inmediatamente se vio formarse manifestaciones enormes que arrastraban, al son de cantos revolucionarios a todos los obreros, empleados, personal de tranvías, hombres y mujeres. El paro era total. En Ekaterinoslav los panaderos comienzan la huelga el 5 de agosto; el 7, son los obreros de los talleres de ferrocarril; luego todas las otras fábricas; el 8 de agosto, la circulación de tranvías se detiene, los diarios dejan de aparecer. Es así como se formó la grandiosa huelga general del sur de Rusia en el curso del verano de 1903. Mil conflictos económicos parciales, mil incidentes «fortuitos» convergieron, confluyendo en un océano poderoso; en algunas semanas todo el sur del Imperio zarista fue transformado en una extraña república obrera revolucionaria.

«Abrazos fraternales, gritos de entusiasmo y de arrebato, cantos de libertad, risas felices, alegría y una dicha delirante; se escuchaba todo un concierto en esta multitud de personas, yendo y viniendo a través de la ciudad de la mañana a la noche. Reinaba una atmósfera de euforia; casi se podía creer que una vida nueva y mejor comenzaba sobre la tierra. Espectáculo emocionante y al mismo tiempo idílico y conmovedor.» Así escribía entonces el corresponsal de *Osvobozdhenie*[9], órgano liberal de Struve.

A partir de comienzos del año 1904 comenzó la guerra, que provocó por un tiempo una interrupción del movimiento de huelga general. Al principio se expandió en el país una ola turbia de manifestaciones «patrióticas» organizadas por la policía. El chauvinismo zarista oficial comenzó por sacrificar a la sociedad burguesa «liberal». Pero inmediatamente la socialdemocracia dominó nuevamente el campo de batalla; a las manifestaciones policiales de la canalla patriótica se oponen manifestaciones obreras revolucionarias. Finalmente, las bochornosas derrotas del ejército zarista despiertan a la propia sociedad liberal de su sueño. Comienza la era de los congresos, de los discursos, de las demandas y manifiestos liberales y democráticos. El absolutismo, momentáneamente aplastado por la

---

[9] *Osvobozdhenie* [Liberación]: revista quincenal de la burguesía liberal monárquica; se editó en el extranjero, en los años 1902-1905, bajo la dirección de P.B. Struve. Esta publicación sirvió más adelante de núcleo del principal partido burgués de Rusia: el partido demócrataconstitucionalista (Kadete). 2

Gapon, sacerdote ruso (1870-1906) que organizó, de acuerdo con la policía de Zubatov, las manifestaciones del «Domingo sangriento» de San Petersburgo.

vergüenza de la derrota, en medio de su confusión, deja actuar a esos señores que ya ven abrirse ante ellos el paraíso liberal. El liberalismo ocupa la primera fila de la escena política durante seis meses, el proletariado se hunde en las sombras. Solamente después de una larga depresión el absolutismo se reincorpora, la camarilla reúne sus fuerzas; es suficiente con un buen golpe de la bota de los cosacos para enviar a los liberales a su covacha, especialmente desde el mes de diciembre. Y los discursos, los congresos, son tachados de «pretensión insolente» y prohibidos de un plumazo; el liberalismo se encuentra súbitamente con que se le termina la cuerda. Pero en el momento mismo en que el liberalismo está desorientado comienza la acción del proletariado. En diciembre de 1904 al calor de la desocupación estalla la gigantesca huelga de Bakú: la clase obrera ocupa de nuevo el campo de batalla. Prohibida y reducida al silencio la palabra vuelve a comenzar la acción. En Bakú, durante varias semanas, en plena huelga general, la socialdemocracia domina enteramente la situación; los extraños acontecimientos ocurridos en el Cáucaso en diciembre habrían provocado una gran conmoción si no hubiesen sido rápidamente desbordados por la marea ascendente de la revolución de la que ellos mismo eran el origen. Las noticias fantasiosas y confusas sobre la huelga general de Bakú no habían llegado aún a todos los rincones del Imperio, cuando, en enero de 1905, estalla la huelga general de San Petersburgo. También allí el pretexto que desencadenó el movimiento fue mínimo, como se sabe. Dos obreros de las canteras de Putilov fueron despedidos porque pertenecían a la asociación «legal» de Zubatov. Esta medida de rigor provocó, el 16 de enero, una huelga de solidaridad de todos los obreros de esas canteras que contó con más de 12.000 huelguistas. Esta fue para los socialdemócratas la ocasión de emprender una propaganda activa por la extensión de las reivindicaciones: reclamaban la jornada de ocho horas, el derecho de asociación, la libertad de palabra y de prensa, etc. La agitación que animaba los talleres de Putilov se extendió rápidamente a otras fábricas y, algunos días después, 140.000 obreros estaban en huelga. Después de las deliberaciones en común y de discusiones tormentosas fue elaborada la carta proletaria de las libertades cívicas, mencionando como primera reivindicación la jornada de ocho horas; 200.000 obreros conducidos por el sacerdote Gapon[2] desfilaron delante del palacio del zar el 22 de enero llevando esta carta. En una semana el despido de dos obreros de las canteras de Putilov se convertía en el prólogo de la más poderosa revolución de los tiempos modernos. Los acontecimientos que siguieron son conocidos: la sangrienta represión de San Petersburgo daba lugar, en enero y en febrero, en todos los centros industriales y las ciudades de Rusia, de Polonia, de Lituania, de las provincias bálticas, del Cáucaso, de la Siberia, del Norte al Sur, del Este al Oeste, a gigantescas huelgas de masas y a huelgas generales. Pero si se examinan las cosas más de cerca, las huelgas de masas toman formas diferentes de las del periodo precedente: esta vez, son las organizaciones socialdemócratas las que, en todas partes, llamaron a la huelga, en todo momento, es la solidaridad revolucionaria con el proletariado de San Petersburgo lo que fue expresamente designado como el motivo y el objetivo de la huelga general, en todas partes hubo desde el principio de las manifestaciones, discursos y enfrentamientos con la tropa. Sin embargo tampoco allí se puede hablar de plan previo, ni de acción organizada, porque los llamamientos de los partidos apenas seguían a los levantamientos espontáneos de las masas; los dirigentes apenas tenían tiempo para formular las consignas cuando ya la masa de proletarios se lanzaba al asalto. Otra diferencia: las huelgas de masas y las huelgas generales anteriores tenían su origen en la convergencia de las reivindicaciones salariales parciales; éstas, en la atmósfera general de la situación revolucionaria y bajo el impulso de la propaganda socialdemócrata, se convertían rápidamente en manifestaciones políticas; el elemento económico y la expansión sindical eran su punto de partida, la acción de clase coordinada y la dirección política constituían su resultado final. Aquí el movimiento es inverso. Las huelgas generales de enero-febrero estallaron antes que nada bajo la forma de una acción coordinada y dirigida por la socialdemocracia; pero esta acción se diseminó rápidamente en una infinidad de huelgas locales, parcelarias, económicas en diversas regiones, ciudades, profesiones, fábricas. Durante toda la primavera de 1905 hasta el pleno verano se ve surgir en este Imperio gigantesco una poderosa lucha política de todos el proletariado contra el capital; la agitación gana por arriba a las profesiones liberales y pequeñoburgueses, los empleados de comercio, de la banca, los ingenieros, los actores, los artistas, y penetra hacia abajo hasta los domésticos, los agentes subalternos de la policía, incluso hasta las capas del subproletariado, extendiéndose al mismo tiempo a los campos y golpeando a las puertas de los cuarteles. He aquí el fresco inmenso y variado de la batalla general del trabajo contra el capital; en ella vemos reflejarse todo la complejidad del organismo social, de la conciencia política de cada categoría y de cada región; vemos desarrollarse toda la gama de conflictos, desde la lucha sindical llevada adelante en buena y debida forma por el ejército de élite bien entrenado del proletariado industrial, hasta la explosión anárquica de rebelión de un puñado de obreros agrícolas y el levantamiento confuso de una guarnición militar, desde la revuelta distinguida y discreta en puños de camisa y cuello duro en el mostrador de un banco hasta las protestas, a la vez tímidas y audaces, de policías descontentos reunidos en secreto en un puesto lleno de humo, oscuro y sucio.

Los partidarios de «batallas ordenadas y disciplinadas» concebidas según un plan y un esquema, en particular los que pretenden saber siempre exactamente y desde lejos cómo «habría que haber actuado», estiman que fue un «grave error» el parcelar la gran acción de huelga general política de enero de 1905 en una infinidad de luchas económicas, porque esto desemboca a sus ojos en la parálisis de la acción y en su conversión en un «fuego de artificio». Incluso el partido socialdemócrata ruso, que participó realmente de la revolución, aunque no fuera su autor, y que debe aprender sus leyes a medida que se van desarrollando, se encontró durante algún tiempo un poco desorientado por el reflujo aparentemente estéril de la primera marea de huelgas generales. Sin embargo, la historia, que había cometido este «grave error», realizaba de tal modo un trabajo revolucionario gigantesco tan inevitable como incalculable en sus consecuencias, sin preocuparse de los razonamientos de aquellos que hacían de maestros de escuela sin que nadie se lo pidiera.

El brusco levantamiento general del proletariado en enero, desencadenado por los acontecimientos de San Petersburgo, era, un su acción exterior, un acto revolucionario, una declaración de guerra al absolutismo. Pero esta primera lucha general y directa de clases desencadenó una reacción tanto más poderosa en el interior por cuanto despertaba por primera vez, como por una sacudida eléctrica, el sentimiento y la conciencia de clase en millones y millones de hombres. Este despertar de la conciencia de clase se manifiesta, de inmediato, de la manera siguiente: una masa de millones de proletarios descubre repentinamente, con una agudeza insoportable, el carácter intolerable de su existencia social y económica, a la que estaba sometida desde hacía decenios, bajo el yugo del capitalismo. Inmediatamente se desata un levantamiento general y espontáneo para sacudir el yugo, para romper esas cadenas. Los sufrimientos del proletariado moderno reavivan, bajo mil formas diferentes, el recuerdo de esas viejas heridas siempre sangrantes. Aquí se lucha por la jornada de ocho horas, allí contra el trabajo a destajo; aquí se lleva sobre carretillas a los amos brutales después de haberlos amarrado y metido dentro de una bolsa; en otra parte se combate el infame sistema de las multas; en todos lados se lucha por mejores salarios, aquí y allí por la supresión del trabajo a domicilio. Los talleres anacrónicos y degradados de las grandes ciudades, las pequeñas ciudades provincianas adormecidas hasta allí por un sueño idílico, la aldea con su sistema de propiedad heredada de la servidumbre —todo eso es bruscamente extraído del sueño por el brusco trueno de enero— toma conciencia de sus derechos y busca febrilmente reparar el tiempo perdido. En este caso, la lucha económica no fue en realidad un parcelamiento, un desperdicio de la acción, sino un cambio de frente: la primera batalla general contra el absolutismo se convierte, repentinamente y con gran naturalidad, en un ajuste de cuentas general con el capital, ajunte de cuentas que, de acuerdo con su naturaleza, revistió la *forma* de lucha aislada y dispersa por los salarios. Es falso decir que la acción política de clase en febrero fue abatida porque la huelga general se fragmentó en huelgas económicas. Lo contrario es verdad: una vez agotado el contenido posible de la acción política, considerando la situación dada y la fase en que se encontraba la revolución, ésta se dividió o mejor se transformó en acción económica. De hecho, ¿qué más podía obtener la huelga general de enero? Había que ser inconsciente para esperar que el absolutismo fuera abatido de golpe por una sola huelga general «prolongada» según el modelo anarquista. Es el proletariado el que debe derrocar al absolutismo en Rusia. Pero el proletariado tiene necesidad para eso de un alto grado de educación política, de conciencia de clase y de organización. No puede aprender todo esto en los folletos o en los panfletos, sino que esta educación debe ser adquirida en la escuela política viva, en la lucha y por la lucha, en el curso de la revolución en marcha. Por otra parte, el absolutismo no puede ser derrocado en cualquier momento, simplemente con la ayuda de una dosis suficiente «de esfuerzo» y de «perseverancia». La caída del absolutismo sólo es un signo exterior de la evolución interna de las clases en la sociedad rusa. Antes que nada, para que el absolutismo sea derrotado, es necesario establecer la estructura interna de la futura Rusia burguesa, constituir su estructura de Estado moderno de clases. Esto implica la división y la diversificación de las capas sociales y de los intereses, la constitución no sólo del partido proletario revolucionario, sino también de los diversos partidos: liberal, radical, pequeño burgués, conservador y reaccionario; esto implica el despertar al conocimiento, a la conciencia de clase no sólo de las capas populares, sino también de las capas burguesas; pero estas últimas sólo pueden constituirse y madurar en el curso de la lucha revolucionaria, en la escuela viva de los acontecimientos, en la confrontación con el proletariado y entre ellas mismas en un roce continuo y recíproco. Esta división y esta maduración de las clases en la sociedad burguesa, así como su acción en la lucha contra el absolutismo, son a la vez entorpecidas y trabadas por una parte, estimuladas y aceleradas por otra, por el papel dominante y particular del proletariado y por su acción de clase. Las diversas corrientes subterráneas del proceso revolucionario se entrecruzan, se obstaculizan mutuamente, avivan las contradicciones internas de la revolución, sin embargo esto tiene por resultado precipitar e intensificar la poderosa explosión. De tal modo este problema, en apariencia tan simple, tan poco complejo, puramente mecánico —el derrocamiento del absolutismo— exige todo un proceso social muy largo; es necesario que el terreno social sea roturado de arriba a abajo, que lo que está abajo aparezca en la superficie, que lo que está arriba se hunda profundamente, que «el orden» aparente se cambie en caos y que a partir de la «anarquía» aparente sea creado un orden nuevo. Ahora bien, en este proceso de trasformación de las estructuras sociales de la antigua Rusia, desempeñaron un papel irreemplazable no sólo el trueno de la huelga general de enero, sino mucho más aún la gran tormenta de la primavera y el verano siguientes y las huelgas económicas. La batalla general y encarnizada del asalariado contra el capital ha contribuido a la vez a la diferenciación de las diversas capas populares y a la de las capas burguesas, a la formación de una conciencia de clase tanto en el proletariado revolucionario como en la burguesía liberal y conservadora. Si en las ciudades las reivindicaciones salariales contribuyeron a la creación del gran partido monárquico de los industriales de Moscú, la gran revuelta campesina de Livonia significó la rápida liquidación del famoso liberalismo aristócrata y agrario de los zemstvos. Pero al mismo tiempo el periodo de las batallas económicas de la primavera y del verano de 1905 permitió al proletariado de las ciudades extraer, inmediatamente después, las lecciones del prólogo de enero y tomar conciencia de las tareas futuras de la revolución, gracias a la propaganda intensa dirigida por la socialdemocracia y su dirección política. A este primer resultado se suma otro de carácter social durable: la elevación general del nivel de vida del proletariado en el plano económico, social e intelectual. Casi todas las huelgas de la primavera de 1905 tuvieron una culminación victoriosa. Citemos solamente, a título de ejemplo elegido entre una colección de hechos enormes y cuya amplitud aún no se puede medir, un cierto número de datos sobre algunas huelgas importantes, que se desarrollaron todas en Varsovia bajo la conducción de la socialdemocracia polaca y lituana. En las más grandes empresas metalúrgicas de Varsovia: Sociedad Anónima Lilpop, Rau y Lowenstein, Rudzky y Cía., Bormann Schwede y Cía., Handtke, Gerlach y Pulst, Geisler Hnos., Eberhard, Wolski y Cía., Sociedad Anónima Conrad y Jarmuskiescicz, Weber y Daehm, Gwizdzinski y Cía., Fábrica de alambres Wolanoski, Sociedad Anónima Gostynski y Cía., K. Brun e hijos, Fraget, Norblin, Werner, Buch, Kenneberg Hnos., Labor, Fábrica de lámparas Dittmar, Serkowski, Weszynski, en total 22 establecimientos, los obreros obtuvieron, después de una huelga de 4 a 5 semanas (comenzada el 25 y el 26 de enero) la jornada de trabajo de nueve horas, así como un aumentos de salarios del 15 al 25 por 100; obtuvieron igualmente diversas mejoras de menor importancia. En los más grandes talleres de la industria de la madera de Varsovia, sobre todo Karmansky, Damiecki, Gromel, Szerbinski, Trenerovski, Horn, Bevensee, Twarkovski, Daab y Martens, en total diez establecimientos, los huelguistas obtuvieron a partir del 23 de febrero la jornada de nueve horas; sin embargo no se contentaron y mantuvieron la exigencia de la jornada de ocho horas, cosa que lograron una semana más tarde, al mismo tiempo que un aumentos de salario. Toda la industria de la construcción entró en huelga el 27 de febrero, reclamando, según la consigna de la socialdemocracia, la jornada de ocho horas; el 11 de marzo obtenían la jornada de nueve horas, un aumento de salarios para todas las categorías, el pago regular del salario por semana, etc. Los pintores de obra, los carpinteros, los talabarteros y los herreros obtuvieron juntos la jornada de ocho horas sin reducción de salario. Las fábricas de teléfonos estuvieron en huelga durante diez días y obtuvieron la jornada de ocho horas y un aumento de salario del 10 al 15 por 100. La gran fábrica de tejido de lino de Hielle y Dietrich (10.000 obreros) obtuvo después de nueve semanas de huelga una reducción de una hora en la jornada de trabajo y aumentos de salario que iban del 5 al 10 por 100. Resultados análogos con variantes infinitas se dan en todas las industrias de Varsovia, de Lodz, de Sosnovice.

En Rusia propiamente dicha la *jornada de ocho horas* fue conquistada:

1. en diciembre de 1904, por varias categorías de los obreros petroleros de Bakú;

2. en mayo de 1905, por los obreros azucareros del distrito de Kiev;

3. en enero, en el conjunto de las imprentas de la ciudad de Samara (al mismo tiempo que un aumento de los salarios del trabajo a destajo y la supresión de las multas);

4. en febrero, en la fábrica de instrumentos de medicina del ejército, en una ebanistería y en la fábrica de municiones de San Petersburgo. Además se instauró en las minas de Vladivostok un sistema de trabajo por equipos de ocho horas;

5. en marzo, en el taller mecánico de la impresora de papeles del Estado, perteneciente al Estado;

6.   en abril, los herreros de la ciudad de Bodroujsk;

7.   en mayo, los empleados de tranvías eléctricos en Tiflís, en mayo igualmente la jornada de ocho horas y media fue introducida en la enorme empresa de tejido de lana de Morosov (al mismo tiempo que se suprimía el trabajo de noche y que se aumentaba los salarios en un 8 por 100;

8.   en junio, se introducía la jornada de ocho horas en varios molinos aceiteros de San Petersburgo y de Moscú.

La *jornada de ocho horas y media* en julio, para los herreros del puerto de San Petersburgo; en noviembre, en todas las imprentas privadas de la ciudad de Orel, así como un aumento del 20 por 100 de los salarios por hora y del 100 por 100 de los salarios a destajo, se instituía igualmente un comité de arbitraje compuesto por un número igual de patrones y obreros.

La *jornada de nueve horas* en todos los talleres de ferrocarril en febrero; en muchos arsenales nacionales de guerra y astilleros navales; en la mayoría de las fábricas de Berdjansk; en todas las imprentas de Poltava y de Minsk; la jornada de nueve horas y media en las cuencas marítimas, el astillero y la fundición mecánica de Nicolaiev; en junio, después de una huelga general de los mozos de café de Varsovia, fue introducida en la mayoría de los restaurantes y cafés al mismo tiempo que un aumento de salarios del 20 al 40 por 100 vacaciones de quince días por año.

La *jornada de diez horas* en casi todas las fábricas de Lodz, Sosnovice, Riga, Kovno, Reval, Dorpat, Minsk, Varkov; para los panaderos de Odesa; en los talleres artesanales de Kichinev; en varias fábricas de sombreros de San Petersburgo; en las fábricas de fósforos de Kovno (junto con un aumento de salarios del 10 por 100), en todos los astilleros navales del Estado y para todos los obreros de los puertos.

Los aumentos de salarios son generalmente menos considerables que la reducción del tiempo de trabajo, pero son sin embargo importantes: así, en Varsovia, durante el mes de marzo de 1905, los talleres municipales impusieron un aumento de salario del 5 por 100; en Ivanovo-Voznesenk, centro industrial textil, los aumentos de salarios alcanzaron entre el 7 y el 15 por 100; en Kovno, 75 por 100 de la población obrera total se benefició con los aumentos de salarios. Se instauró un salario mínimo fijo en un cierto número de panaderías de Odesa, en los astilleros marítimos del Neva en San Petersburgo, etc.

A decir verdad estas ventajas han sido retiradas más de una vez en uno y otro lugar. Pero esto sólo sirvió de pretexto para nuevas batallas, para respuestas aún más encarnizadas; es así como el periodo de las huelgas de la primavera de 1905 introdujo una serie infinita de conflictos económicos, siempre más vastos y enmarañados que todavía subsisten en la actualidad. En los periodos de tranquilidad exterior de la revolución, cuando los telegramas no comunican al mundo ninguna noticia sensacional del frente ruso, cuando el lector de Europa occidental deja su periódico de la mañana, con una aire desilusionado, comprobando que no hay «nada de nuevo» en Rusia, en realidad el gran trabajo de topo de la revolución prosigue sin tregua, día tras día, hora tras hora, su inmenso trabajo subterráneo, minando las profundidades de todo el Imperio. La lucha económica intensa hace que se produzca rápidamente el paso, por medio de métodos acelerados, del estadio de la acumulación primitiva de la economía patriarcal, fundada sobre el pillaje, al estadio de la civilización más moderna. Actualmente Rusia está adelantada en lo que concierne a la duración real del trabajo, no sólo con respecto a la legislación rusa que prevé una jornada de trabajo de once horas y media, sino también con respecto a las condiciones efectivas del trabajo en Alemania. En la mayoría de las ramas de la gran industria rusa se practica hoy la jornada de ocho horas, lo cual constituye, a los ojos mismos de la socialdemocracia alemana, un objetivo inaccesible. Más aún, este «constitucionalismo industrial» tan deseado en Alemania, objeto de todos los anhelos, en nombre del cual los adeptos de una táctica oportunista quisieran preservar las aguas estancadas del parlamentarismo —única vía posible de salvación— al abrigo de toda brisa un poco fuerte, ha visto la luz en Rusia, en plena tempestad revolucionaria, al mismo tiempo que el «constitucionalismo» político. En realidad, lo que se produjo, no fue solamente una elevación general del nivel de vida de la clase obrera, sino también de su nivel cultural. El nivel de vida, bajo una forma durable de bienestar material, no tiene cabida en la revolución. Esta está llena de contradicciones y de contrastes e implica a veces victorias económicas sorprendentes, a veces las respuestas más brutales del capitalismo: hoy la jornada de ocho horas, mañana los lock-out en masa y el hambre total para centenares de miles de personas. El resultado más precioso, porque es el más permanente de este flujo y reflujo brusco de la revolución, es su poso *intelectual*. El crecimiento por saltos del proletariado en el plano intelectual y cultural ofrece una garantía absoluta de su irresistible progreso futuro tanto en la lucha económica como en la política.

Pero esto no es todo, las mismas relaciones entre obreros y patrones son subvertidas: a partir de la huelga general de enero y de las huelgas siguientes de 1905 el principio del capitalista amo en su casa fue prácticamente suprimido. Hemos visto constituirse espontáneamente en las grandes fábricas de todos los centros industriales importantes, consejos obreros, únicas instancias con la que el patrón trata y que arbitran en todos los conflictos. Y además, las huelgas en apariencia caóticas y la acción revolucionaria «desorganizada» que siguieron a la huelga general de enero se convierten en el punto de partida de un enfebrecido trabajo de organización. La historia se burla de los burócratas enamorados de los esquemas prefabricados, guardianes celosos de la prosperidad de los sindicatos alemanes. Las organizaciones sólidas, concebidas como fortalezas inexpugnables, y cuya existencia hay que asegurar antes de soñar eventualmente con emprender una hipotética huelga de masas en Alemania, han salido por el contrario en Rusia de la misma huelga de masas. Y mientras los guardianes celosos de los sindicatos alemanes temen ante todo ver romperse en mil pedazos esas organizaciones, como una preciosa porcelana en medio del torbellino revolucionario, la revolución rusa nos presenta un cuadro totalmente diferente: lo que emerge de los torbellinos, de las tempestades, de las llamas y de la hoguera de las huelgas de masas, como Afrodita surgiendo de la espuma del mar, son... los sindicatos nuevos y jóvenes, vigorosos y ardientes. Citemos aún un pequeño ejemplo, aunque típico para todo el Imperio. En el curso de la segunda conferencia de los sindicatos rusos, que tuvo lugar a fines de febrero de 1906 en San Petersburgo, el delegado de los sindicatos petersburgueses presentó un informe sobre el desarrollo de las organizaciones sindicales en la capital de los zares, informe en el que decía:

«El 22 de enero de 1905, que ha barrido a la asociación de Gapon, ha marcado una etapa. La masa de los trabajadores aprendió, por la fuerza de los acontecimiento, a apreciar la importancia de la organización y comprendió que podía crear por sí sola esas organizaciones El primer sindicato de San Petersburgo, el de los tipógrafos, nace en estrecha relación con el movimiento de enero. La comisión elegida para el estudio de las remuneraciones elaboró los estatutos y el 19 de junio fue el primer día de existencia del sindicato. Los sindicatos de los oficinistas y tenedores de libros vieron la luz aproximadamente al mismo tiempo. Al lado de estas organizaciones, cuya existencia era casi pública (y legal), vimos surgir, entre enero y octubre de 1905, los sindicatos semilegales e ilegales. Citemos entre los primeros al de los empleados de farmacia y al de los empleados de comercio. Entre los sindicatos ilegales hay que mencionar a la Unión de relojeros, cuya primera reunión secreta tuvo lugar el 24 de abril. Todas las tentativas para convocar una asamblea general pública chocaron contra la resistencia obstinada de la policía y de los patronos, representados por la Cámara de Comercio. Este fracaso no impidió la existencia del sindicato que realizó asambleas secretas con sus adherentes el 9 de junio y el 14 de agosto, sin contar las sesiones del Buró de los sindicatos. El sindicato de sastres y cortadores fue fundado en la primavera de 1905 en el curso de una reunión secreta llevada a acabo en un bosque, con la asistencia de 70 sastres. Después de haber discutido el problema de la fundación, una comisión elegida fue encargada de elaborar los estatutos Todas las tentativas de la comisión por asegurar al sindicato una existencia legal no tuvieron éxito. Su acción se limita a la propaganda o al reclutamiento en los diferentes talleres. Una suerte semejante le estaba reservada al sindicato de los zapateros. En julio fue convocada una reunión secreta por la noche en un bosque fuera de la ciudad. Más de 100 zapateros se reunieron; se presentó un informe sobre la importancia de los sindicatos, sobre su historia en Europa occidental y su misión en Rusia. Inmediatamente se decidió fundarlo y fue elegida una comisión de doce miembros encargada de redactar los estatutos y de convocar una asamblea general de zapateros. Los estatutos fueron redactados, pero hasta ahora no se pudo imprimirlos ni convocar la asamblea general.»

Tales fueron los comienzos de los sindicatos. Después vinieron las jornadas de octubre, la segunda huelga general, el Ukase del 30 de octubre y el corto «periodo constitucional». Los trabajadores se arrojaron con entusiasmo en las olas de la libertad política a fin de utilizarla para el trabajo de organización. Al lado de las actividades políticas cotidianas —reuniones, discusiones, fundación de grupos— se comenzó inmediatamente el trabajo de organización de los sindicatos. En octubre y noviembre fueron creados cuarenta sindicatos nuevos en San Petersburgo. De inmediato se creó un «Buró central», es decir, una unión de sindicatos; aparecieron varios periódicos sindicales e incluso a partir de noviembre un órgano central: *El Sindicato*.

La descripción de lo que ocurrió en San Petersburgo se aplica a Moscú y a Odesa, a Kiev y a Nicolaiev, a Saratov y a Voronej, a Samara y a Nijni-Novgorod, a todas las grandes ciudades de Rusia y con más razón de Polonia. Los sindicatos de esas ciudades buscan tomar contacto entre sí, llevan a cabo conferencias. El fin del «periodo constitucional» y el retorno a la reacción de diciembre de 1905 pone provisionalmente término a la actividad pública amplia de los sindicatos, sin provocar por eso su desaparición. Continúan actuando como organizaciones secretas y prosiguen al mismo tiempo abiertamente la lucha por los salarios. Constituyen una mezcla original de actividad sindical a la vez legal e ilegal que corresponde a las contradicciones de la situación revolucionaria. Pero incluso en medio de la lucha el trabajo de organización se prosigue con seriedad y hasta con pedantería. Los sindicatos de la socialdemocracia polaca y lituana, por ejemplo, que en el último Congreso del Partido (en julio de 1906) estaban representadas por cinco delegados y comprendían diez mil miembros que cotizaban, están provistos de estatutos regulares, de carnets impresos de adherentes, de estampillas, etc. Y esos mismo panaderos y zapateros, metalúrgicos y tipógrafos, de Varsovia y de Lodz, que en junio de 1905 estaban en las barricadas y que en diciembre sólo esperan una consigna de San Petersburgo para salir a la calle, encuentran el tiempo necesario para reflexionar seriamente entre dos huelgas, entre la prisión y el lock-out, en pleno estado de sitio, y para discutir a fondo y atentamente los estatutos sindicales. Más aún, los que se batían ayer y se batirán mañana en las barricadas, algunas veces reconvinieron severamente a sus dirigentes en el curso de alguna reunión y los amenazaron con abandonar el partido porque no se habían podido imprimir más rápidamente los carnets de afiliación —en imprentas clandestinas y bajo la constante amenaza de persecución policial.

Este entusiasmo y esta seriedad duran aún hasta el presente. En el curso de las dos primeras semanas de julio de 1906 fueron creados —para citar un ejemplo— quince nuevos sindicatos en Ekaterinoslav; en Kostroma seis, otros en Kiev, Poltava, en Smolensk, en Tcherkassy, en Proskurov, y hasta en las más pequeñas localidades de los distritos provinciales. En la sesión realizada el 5 de junio último (1906) por la Unión de Sindicatos de Moscú, se decidió, de conformidad con las conclusiones e informes de los delegados de cada organización, que los sindicatos deberían velar por la disciplina de sus adherentes e impedirles tomar parte en combates callejeros, porque la huelga de masas es considerada como inoportuna. Frente a las provocaciones eventuales del gobierno deben vigilar para que la masa no salga a la calle. Finalmente la Unión decidió que durante todo el tiempo en que un sindicato realice una huelga, los otros deben abstenerse de presentar reivindicaciones salariales. En los sucesivo la mayoría de las luchas económicas serán dirigidas por los sindicatos[3] .

Es así como la gran lucha económica cuyo punto de partida ha sido la huelga general de enero que continúa hasta el presente constituye el transfondo de la revolución, de donde a veces vemos brotar explosiones aisladas o estallar inmensas batallas del proletariado en su totalidad —bajo la influencia conjugada y alternada de la propaganda política y de los acontecimientos externos. Citemos algunas de estas explosiones sucesivas: en Varsovia el 1 de mayo de 1905, en ocasión de la fiesta del trabajo, una huelga general total, sin ejemplo hasta entones, acompañada por una manifestación de masas, perfectamente pacífica, terminó en un enfrentamiento sangriento de la multitud desarmada con la tropa. En Lodz, en el mes de junio, la

---

3

 Sólo en las dos primeras semanas de junio de 1905, los sindicatos emprendieron las siguientes luchas reivindicativas:

Los tipógrafos de San Petersburgo, Moscú, Odesa, Minsk, Vilna, Saratov, Tambov, por la jornada de ocho horas y el reposo semanal.

Huelga general de los marinos de Odesa, Nicolaiev, Kertch, Crimea, Cáucaso, la flota del Volga, Cronstadt, Varsovia y Plock, por el reconocimiento del sindicato y la liberación de los delegados detenidos.

Los obreros de los puertos de Saratov, Nicolaiev, Zaritsin, Arcangelsk, Bialystok, Vilna, Odesa, Jarkov, Brest-Litovsk, Radom, Tiflis.

Los obreros agrícolas en los distritos de Verjné-Dnieprovsk, Borinsovik, Simferópol, en las gobernaciones de Todolsk, Tula, Kursk, en los distritos de Kozlov, Lipovitz, en Finlandia, en las gobernaciones de Kiev, en el distrito de Elisavetgrad.

En varias ciudades la huelga se extendió en este periodo a casi todos los oficios al mismo tiempo: por ejemplo, en Saratov, Arcangelsk, Kertch, Grementchug; en Backmut, huelga general de los mineros en toda la cuenca.

En otras ciudades el movimiento reivindicativo afectó a todos los oficios sucesivamente en el curso de esas dos semanas: por ejemplo, en San Petersburgo, Varsovia, Moscú, en toda la provincia de Ivánovo-Vosnesensk.

<u>La huelga tenía como objetivo en todas partes la reducción del tiempo de trabajo, el descanso semanal, reivindicaciones relativas a los salarios.</u> La mayoría de las huelgas terminaron con la victoria, los informes locales hacen resaltar que afectaron parcialmente categorías de obreros que participaban por primera vez en una lucha reivindicativa salarial.

dispersión por parte del ejército de una reunión de masas dio lugar a una manifestación de cien mil obreros; en ocasión del entierro de algunas de las víctimas de la soldadesca, se produce un nuevo encuentro con el ejército, y finalmente se declara la huelga general. Esta termina los días 23, 24 y 25 de mayo con un combate de barricadas, el primero del Imperio de los zares. En junio igualmente estalló en el puerto de Odesa, a propósito de un pequeño incidente a bordo del acorazado Potemkin, la primera gran sublevación de marineros de la flota del Mar Negro que provocó, a su vez, una inmensa huelga de masas en Odesa y Nicolaiev. Este motín tuvo otras repercusiones aún: una huelga y algunas rebeliones de marinos en Kronstadt, Libau y Vladivostock.

En octubre, tuvo lugar en San Petersburgo la experiencia revolucionaria de la instauración de la jornada de ocho horas. El consejo de los delegados obreros decide introducir por métodos revolucionarios la jornada de ocho horas. De este modo, en una fecha determinada, todos los obreros de San Petersburgo declaran a sus patrones que se niegan a trabajar más de ocho horas por día y abandonan sus lugares de trabajo a la hora fijada. Esta idea sirvió de pretexto para una intensa campaña de propaganda, fue acogida y ejecutada por el proletariado que no escatimó los más grandes sacrificios; por ejemplo, por los obreros textiles, que hasta entonces eran pagados a destajo y cuya jornada de trabajo era de once horas, la reducción a ocho horas representaba una pérdida enorme de salario, pero sin embargo la aceptaron sin vacilaciones. Por espacio de una semana la jornada de ocho horas se había introducido en San Petersburgo y la alegría de la clase obrera no conoce límites. No obstante, inmediatamente la patronal, en un principio desamparada, se prepara para la reacción: en todas partes se amenaza con cerrar las fábricas. Un cierto número de obreros acepta negociar y obtienen la jornada de diez horas en algunos sitios y la de nuevo en otros. Sin embargo, la élite del proletariado de San Petersburgo, los obreros de las grandes fábricas nacionales de metalurgia permanecen inconmovibles: sigue un lock-out; de 45 a 50.000 obreros son despedidos durante un mes. De este hecho, el movimiento en favor de la jornada de ocho horas, se consigue la huelga general de diciembre, desencadenada en gran parte por el lock-out. En el intervalo sobreviene en octubre, en respuesta al proyecto de Duma de Bulygin[10], la segunda y poderosísima huelga general desencadenada ante una consigna de los ferroviarios y que se extiende por todo el Imperio. Esta segunda gran acción revolucionaria del proletariado reviste un carácter sensiblemente diferente al de la primera huelga de enero. En ella la conciencia política desempeña un papel mucho más importante. Ciertamente, la ocasión que desencadenó la huelga de masas fue también aquí, accesoria y aparentemente fortuita: se trata del conflicto entre los ferroviarios y la administración, a propósito de la Caja de Jubilaciones. Pero el levantamiento general del proletariado que se produjo se sustenta en un pensamiento político claro. El prólogo de la huelga de enero había sido una súplica dirigida al zar a fin de obtener la libertad política; la consigna de la huelga de octubre era: «¡Terminemos con la comedia institucional del zarismo!» y gracias al éxito

---

[10] Bulygin, estadista ruso (1851-1919). Designado Ministro del Interior en febrero de 1905, debió redactar, bajo presión revolucionaria, un decreto prometiendo un régimen constitucional. La primera Duma que se constituyó después de la revolución de 1905 lleva su nombre.

inmediato de la huelga, que se traduce en el manifiesto zarista del 30 de octubre, el movimiento no se repliega sobre sí mismo, como en enero, para volver al comienzo de la lucha económica, sino que desborda hacia el exterior, ejerciendo con ardor la libertad política recientemente conquistada. Manifestaciones, reuniones, una prensa naciente, discusiones públicas, masacres sangrientas para terminar con la alegría, seguidos de nuevas huelgas de masas y de nuevas manifestaciones, tal es el cuadro agitado de las jornadas de noviembre y diciembre. En noviembre, ante el llamamiento de la socialdemocracia, se organiza en San Petersburgo la primera huelga de protesta contra la represión sangrienta y la proclamación del estado de sitio en Livonia y en Polonia. El sueño de la Constitución es seguido por un despertar brutal, y la sorda agitación termina por desatar en diciembre la tercera huelga general de masas, que se extiende a todo el Imperio. Esta vez el desarrollo y la culminación son totalmente diferentes que en los casos anteriores. La acción política no cede el lugar a la acción económica como en enero, tampoco obtiene una victoria rápida, como en octubre. La camarilla zarista no renueva sus tentativas por instaurar una libertad política verdadera y la acción revolucionaria choca así, por primera vez, con toda la extensión de ese muro inquebrantable: la fuerza material del absolutismo. Por la lógica evolución interna de los acontecimientos en curso, la huelga de masas se transforma en rebelión abierta, en lucha armada, en combates callejeros y en barricadas en Moscú. Las jornadas de diciembre en Moscú constituyen el punto culminante de la acción política y del movimiento de huelgas de masas, cerrando de este modo el primer año laborioso de la revolución. Los acontecimientos de Moscú muestran en imagen reducida la evolución lógica y el porvenir del movimiento revolucionario en su conjunto: su culminación inevitable en una rebelión general abierta. Sin embargo, ésta sólo puede producirse después de un entrenamiento adquirido en una serie de rebeliones parciales y preparatorias, que desembocan provisionalmente en «derrotas» exteriores y parciales, pudiendo aparecer cada una como «prematura».

El año 1906 es el de las elecciones y del episodio de la Duma. El proletariado, animado por un poderosos instinto revolucionario, que le permite tener una visión clara de la situación, boicotea la farsa constitucional zarista. El liberalismo ocupa de nuevo, por algunos meses, el escenario político. Parece volverse a la situación de 1904. La acción cede el lugar a la palabra y el proletariado entra en la sombra por algún tiempo, para consagrarse con más ardor aún a la lucha sindical y al trabajo de organización. Las huelgas de masas cesan, mientras día tras día los liberales hacen estallar los petardos de su elocuencia. Finalmente, la cortina de hierro cae bruscamente, los actores son dispersados, de los petardos de elocuencia liberal sólo queda el humo y el polvo. Una tentativa de la socialdemocracia por llamar a manifestarse con una corta huelga de masas en favor de la Duma y del restablecimiento de la libertad de palabra cae en el vacío. La huelga política de masas agotó su papel como tal y el paso de la huelga al levantamiento general del pueblo y a los combates callejeros no está maduro. El episodio liberal está terminado, el episodio proletario no ha recomenzado aún. La escena permanece provisionalmente vacía.

Capítulo 4. IV

En las páginas que preceden hemos tratado de esbozar sumariamente la historia de la huelga de masas en Rusia. Una simple ojeada sobre esta historia, nos ofrece una imagen de la huelga de masas que no se parece en nada a la que nos hacemos en Alemania en el curso de las discusiones. En lugar de un esquema rígido y vacío que nos muestra una «acción» política lineal ejecutada con prudencia y según un plan decidido por las instancias supremas de los sindicatos, vemos un fragmento de vida real hecho de carne y de sangre que no se puede separar del medio revolucionario, unida por el contrario por mil vínculos al organismo revolucionario en su totalidad. La huelga de masas tal como nos la muestra la revolución rusa es un fenómeno tan fluido que refleja en sí todas las fases de la lucha política y económica, todos los estadios y todos los momentos de la revolución. Su campo de aplicación, su fuerza de acción, los factores de su desencadenamiento, se transforman de continuo. Repentinamente abre perspectivas nuevas a la revolución en un momento en que ésta parecía encaminarse hacia un estancamiento. Y se niega a funcionar en el momento en que se creía poder contar con ella con toda seguridad. A veces la ola del movimiento invade todo el Imperio, a veces se divide en una red infinita de pequeños arroyos; a veces brota del suelo como una fuente viva, a veces se pierde dentro de la tierra, Huelgas económicas y políticas, huelgas de masas y huelgas parciales, huelgas de demostración o de combate, huelgas generales que afectan a sectores particulares o a ciudades enteras, luchas reivindicativas pacíficas o batallas callejeras, combate de barricas: todas estas formas de lucha se entrecruzan o se rozan, se atraviesan o desbordan una sobre la otra; es un océano de fenómenos eternamente nuevos y fluctuantes. Y la ley del movimiento de esos fenómenos aparece claramente: no reside en la huelga de masas en sí misma, en sus particularidades técnicas, sino en la relación de las fuerzas políticas y sociales de la revolución. La huelga de masas es simplemente la forma que adopta la lucha revolucionaria y toda desnivelación en la relación de las fuerzas en lucha, en el desarrollo del Partido y la división de las clases, en la posición de la contrarrevolución, influye inmediatamente sobre la acción de la huelga a través de mil caminos invisibles e incontrolables. Sin embargo, la acción de la huelga en sí misma no se detiene prácticamente ni un solo instante. No hace mas que revestir otras formas, modificar su extensión, sus objetivos, sus efectos. Es el pulso vivo de la revolución y al mismo tiempo su motor más poderoso. En una palabra, la huelga de masas, tal como nos la ofrece la revolución rusa, no es un medio ingenioso inventado para reforzar la lucha proletaria; *representa el movimiento mismo de la masa proletaria, la forma de manifestación de la lucha proletaria en el curso de la revolución.*

A partir de esto se pueden deducir algunos puntos de vista generales que permitirán juzgar el problema de la huelga de masas.

1)   Es absolutamente erróneo concebir la huelga de masas como una acción aislada; es más bien el signo,

elconcepto unificador de todo un periodo de años, quizás de decenios, de la lucha de clases. Si se consideran las innumerables y diferentes huelgas de masas que tuvieron lugar en Rusia desde hace cuatro años, una sola variante e incluso de importancia secundaria corresponde a su definición como acto único y breve de características puramente políticas, desencadenado y detenido a voluntad según un plan preconcebido: me refiero aquí a la simple huelga de protesta. Durante todo este periodo de cinco años sólo vemos en Rusia algunas huelgas de ese género en pequeño número y, lo que es notable, limitadas por lo común a una ciudad. Citemos entre otras la huelga general anual del 1 de mayo en Varsovia y Lodz —en Rusia propiamente dicha la costumbre de celebrar el 1 de mayo mediante la paralización del trabajo no está aún extendida ampliamente—, la huelga de masas en Varsovia el 11 de septiembre de 1905, en ocasión del entierro del condenado a muerte Martín Kasprzak[11]; la de noviembre de 1905 en San Petersburgo en señal de protesta contra la proclamación del estado de sitio en Polonia y Livonia; la del 22 de enero de 1906 en Varsovia, Lodz, Czenstochau y en la cuenca minera de Combrowa, lo mismo que en algunas ciudades rusas en conmemoración del domingo sangriento de San Petersburgo; en julio de 1906, una huelga general de Tiflís en manifestación de solidaridad con los soldados condenados por sublevación y finalmente por la misma razón en septiembre de ese año durante el proceso militar de Reval. Todas las otras huelgas de masas parciales o huelgas generales son huelgas de lucha y no de

---

[11] Martín Kasprzak, dirigente del grupo de Varsovia del Partido Revolucionario Socialista Proletario. Rosa Luxemburg lo conoció en el año 1887, cuando se adhirió a ese movimiento.

protesta. Con ese carácter nacieron espontáneamente en ocasión de incidentes particulares locales y fortuitos y no de acuerdo con un plan preconcebido y deliberado y, merced a la potencia de fuerzas elementales, adquirieron dimensiones de un movimiento de gran envergadura. No concluían con la retirada ordenada, sino que se transformaban a veces en luchas económicas, a veces en combates callejeros y otras veces decaían por sí mismas. Dentro de este cuadro de conjunto, las huelgas de protesta política pura desempeñaron un papel de segundo orden: el de puntos minúsculos y aislados en medio de una gran superficie. Si consideramos las cosas según la cronología, comprobamos lo siguiente: las huelgas de protesta que, a diferencia de las huelgas de luchas, exigen un nivel muy elevado de disciplina del partido, una dirección política y una ideología política conscientes, y aparecen en consecuencia según el esquema como la forma más alta y madura de la huelga de masas, son importantes sobre todo *al comienzo* del movimiento. De este modo, el paro total del 1 de mayo de 1905 en Varsovia, primer ejemplo de la aplicación perfecta de una decisión del partido, fue un acontecimiento de gran alcance para el movimiento proletario de Polonia. Igualmente la huelga de solidaridad en noviembre de 1905 en San Petersburgo, primer ejemplo de una acción de masas concertada, causó sensación. También el «ensayo de huelga general» de los camaradas de Hamburgo el 17 de enero de 1906, que ocupa un lugar destacado en la historia de la futura huelga de masas en Alemania, constituye el primer intento espontáneo de usar esta arma tan discutida, intento que, por otra parte, tuvo éxito y que testimonia la combatividad de los obreros hamburgueses.

De igual modo, una vez comenzado el periodo de huelgas de masas en Alemania, éste culminará seguramente con la instauración de la fiesta del 1 de mayo con un paro general del trabajo. Esta fiesta podrá celebrarse como la primera demostración bajo el signo de las luchas de masas. En tal sentido, ese «viejo caballo de batalla», como se ha llamado al 1 de mayo en el Congreso Sindical de Colonia, tiene todavía un gran porvenir y está llamado a desempeñar un papel importante en las luchas de clase proletarias en Alemania. Sin embargo, con el desarrollo de las luchas revolucionarias la importancia de tales demostraciones disminuye con rapidez. Los mismos factores que hacen objetivamente posible el desencadenamiento de las huelgas de protesta, según un plan preconcebido y de acuerdo a una consigna de los partidos, a saber, el crecimiento de la conciencia política y de la educación del proletariado, hacen imposible esta clase de huelgas. En las actuales circunstancias, el proletariado ruso y, más concretamente, su vanguardia más activa, no quiere saber ya nada de las huelgas demostrativas, los obreros no tienen ganas de bromas y sólo quieren luchas serias, con todas sus consecuencias. Si es verdad que en el curso de la primera gran huelga de masas, en enero de 1905, el elemento demostrativo desempeñaba todavía un gran papel —bajo una forma no deliberada sino instintiva y espontánea—, en cambio la tentativa del Comité Central del Partido socialdemócrata ruso por llamar en el mes de agosto a una huelga de masas en favor de la Duma fracasó entre otras causas por la aversión del proletariado consciente hacia las acciones tibias y de mera demostración.

2) Pero, si en lugar de esta categoría secundaria de las huelgas de demostración, consideramos la huelgacombativa, tal como la vemos hoy en Rusia, constituyendo el soporte real de la acción proletaria, nos sorprende el hecho de que el elemento económico y el elemento político se presenten tan indisolublemente vinculados. Aquí también la realidad se aparta del esquema teórico; la concepción pedante que hace derivar lógicamente la huelga de masas política pura de la huelga general económica, como si la primera fuera el estadio más maduro y elevado y que distingue cuidadosamente una forma de otra, es desmentida por la experiencia de la revolución rusa. Esto no ha quedado demostrado solamente por el hecho de que las huelgas de masas — desde la primera gran huelga reivindicativa de los obreros textiles de San Petersburgo en 1896-1897 hasta la última gran huelga de diciembre de 1905— hayan pasado insensiblemente del campo de las reivindicaciones económicas al de la política, aunque es casi imposible trazar fronteras entre unas y otras. Sin embargo, cada una de las grandes huelgas de masas vuelve a trazar, en miniatura por así decirlo, la historia general de las huelgas en Rusia, comenzando por un conflicto sindical puramente reivindicativo, o al menos parcial, recorriendo luego todos los grados hasta la manifestación política. La tempestad que sacudió el sur de Rusia en 1902 y 1903 comenzó en Bakú, como ya vimos, con una protesta contra las medidas tomadas contra los parados; en Rostov, con

reivindicaciones salariales; en Tiflís, con un lucha de los empleados de comercio para obtener una disminución de la jornada de trabajo; en Odesa, con una reivindicación de salarios en una pequeña fábrica aislada. La huelga de masas de enero de 1905 se inició con un conflicto en el interior de las fábricas Putilov, la huelga de octubre, con reivindicaciones de los ferroviarios por su caja de jubilaciones, la huelga de diciembre, finalmente, con la lucha de los empleados de correos y telégrafos para obtener el derecho de asociación. El progreso del movimiento no se manifiesta por el hecho de que el elemento económico desaparezca, sino más bien por la rapidez con que se recorren todas las etapas hasta la manifestación política, y por la posición, más o menos extrema, del punto final alcanzado por la huelga de masas.

Sin embargo, el movimiento en su conjunto no se orienta únicamente en el sentido de un paso de lo económico a lo político, sino también en el sentido inverso. Cada una de las acciones políticas de las masas se transforma, luego de haber alcanzado su apogeo, en una multitud de huelgas económicas. Esto es válido no sólo para cada una de las grandes huelgas, sino también para la revolución en su conjunto. Cuando la lucha política se extiende, se clarifica y se intensifica, la lucha reivindicativa no sólo no desaparece, sino que se extiende, organiza e intensifica paralelamente. Existe interacción completa entre ambas.

Cada nuevo impulso y cada nueva victoria de la lucha política dan un ímpetu poderoso a la lucha económica, ampliando sus posibilidades de acción exterior y dando a los obreros nuevos bríos para mejorar su situación, aumentando su combatividad. Cada ola de acción política deja detrás suyo un limo fértil de donde surgen inmediatamente mil brotes nuevos: las reivindicaciones económicas. E inversamente, la guerra económica incesante que los obreros libran contra el capital mantiene despierta la energía combativa, incluso en las horas de tranquilidad política; de alguna manera constituye una reserva permanente de energía de la que la lucha política extrae siempre fuerzas nuevas. Al mismo tiempo, el trabajo infatigable de corrosión reivindicativa desencadena aquí y allá conflictos agudos a partir de los cuales estallan bruscamente las batallas políticas.

En una palabra, la lucha económica presenta una continuidad, es el hilo que vincula los diferentes núcleos políticos; la lucha política es una fecundación periódica que prepara el terreno a las luchas económicas. La causa y el efecto se suceden y alternan sin cesar, y, de este modo, el factor económico y el factor político, lejos de distinguirse completamente o incluso de excluirse recíprocamente como lo pretende el esquema pedante, constituyen en un periodo de huelgas de masas dos aspectos complementarios de las luchas de clases proletarias en Rusia. La huelga de masas constituye precisamente su unidad. La teoría sutil diseca artificialmente, con la ayuda de la lógica, la huelga de masas para obtener una «huelga política pura», pero he aquí que, una disección semejante, al igual que todas las disecciones, no nos permite ver el fenómeno vivo, nos entrega un cadáver.

3)   Finalmente los acontecimientos de Rusia nos muestran que la huelga de masas es inseparable de larevolución; su historia se confunde con la historia de la revolución. Sin duda, cuando los campeones del oportunismo en Alemania escuchan hablar de revolución, piensan inmediatamente en la sangre vertida, en batallas callejeras, en la pólvora y el plomo, y deducen con toda lógica que la huelga de masas conduce inevitablemente a la revolución, concluyen que es menester abstenerse de realizarla. Y de hecho verificamos que en Rusia casi todas las huelgas de masas terminan en un enfrentamiento sangriento con las fuerzas zaristas del orden; lo cual es tan cierto para las huelgas pretendidamente políticas como para los conflictos económicos. Pero la revolución es otra cosa, es algo más que un simple baño de sangre. A diferencia de la policía que entiende por revolución simplemente la batalla callejera y la pelea, es decir, el «desorden», el socialismo científico ve en la revolución, antes que nada, una transformación interna profunda de las relaciones de clase. Desde ese punto de vista, entre la revolución y la huelga de masas existe en Rusia una relación mucho más estrecha que la que se establece a través de la comprobación trivial, a saber, que la huelga de masas concluye generalmente en un baño de sangre.

Hemos estudiado el mecanismo interno de la huelga de masas rusa fundada sobre una relación de causalidad recíproca entre el conflicto político y el conflicto económico. Pero esta relación de causalidad recíproca está determinada precisamente por el periodo revolucionario. Solamente en la tempestad revolucionaria cada lucha parcial entre el capital y el trabajo adquiere las dimensiones de una explosión general. En Alemania se asiste todos los años, todos los días, a los conflictos más violentos, más brutales entre los obreros y los patronos, sin que la lucha supere los límites de la rama de industria, de la ciudad e incluso de la fábrica en cuestión. El despido de obreros organizados como en San Petersburgo, la desocupación como en Bakú, reivindicaciones salariales como en Odesa, luchas por el derecho de asociación como en Moscú: todo esto se produce diariamente en Alemania. Pero ninguno de esos incidentes da lugar a una acción de clase común. E incluso si esos conflictos se extienden hasta convertirse en huelgas de masas con carácter netamente político no desembocan en una explosión general. La huelga general de los ferroviarios holandeses que a pesar de las simpatías ardientes que suscitó se extinguió en medio de la inmovilidad absoluta del conjunto del proletariado, nos proporciona un ejemplo aleccionador de ello.

A la inversa, sólo en un periodo revolucionario, cuando los fundamentos sociales y las barreras que separan a las clases sociales están quebrantados, cualquier acción política del proletariado puede arrancar de la indiferencia en pocas horas a las capas populares que habían permanecido hasta entonces apartadas, lo que se manifiesta naturalmente, a través de una batalla económica tumultuosa. Súbitamente electrizados por la acción política los obreros reaccionan de inmediato en el campo que les es más próximo: se sublevan contra su condición de esclavitud económica. El gesto de revuelta, que es la lucha política, les hace sentir con una intensidad insospechada el peso de sus cadenas económicas. Mientras que en Alemania la lucha política más violenta, la campaña electoral o los debates parlamentarios a propósito de las tarifas aduaneras, no tienen mas que una importancia mínima sobre el curso de la intensidad de las luchas reivindicativas que se llevan a cabo al mismo tiempo, en Rusia toda acción del proletariado se manifiesta inmediatamente por una extensión e intensificación de la lucha económica.

De este modo, sólo la revolución crea las condiciones sociales que permiten dar un paso inmediato de la lucha económica a la lucha política, y de ésta a aquélla, lo que se expresa a través de la huelga de masas. El esquema vulgar sólo percibe una relación entre la huelga de masas y la revolución, en los enfrentamientos sangrientos con que concluyen las huelgas de masas; pero un examen más profundo de los acontecimientos rusos, nos hace descubrir una relación *inversa*. En realidad no es la huelga de masas la que produce la revolución, sino la revolución la que produce la huelga de masas.

4) Es suficiente con resumir lo que precede para descubrir una solución al problema de la dirección y de la iniciativa de la huelga de masas. Si no significa un acto aislado, sino todo un periodo de la lucha de clases, si este periodo se confunde con el periodo revolucionario, es evidente que no se puede desencadenar arbitrariamente, aunque la decisión emane de las instancias supremas del más poderoso de los partidos socialistas. Mientras no esté al alcance de la social-democracia el poner en marcha o anular las revoluciones a su gusto, ni siquiera el entusiasmo y la

impaciencia más fogosa de las tropas socialistas serán suficientes para crear un verdadero periodo de huelga general como movimiento popular potente y vivo. La audacia de la dirección del partido y la disciplina de los obreros pueden lograr sin duda organizar una manifestación única y de corta duración: tal fue el caso de la huelga de masas en Suecia o más recientemente en Austria o también de la huelga del 17 de enero en Hamburgo[12]. Pero estas manifestaciones se parecen a un verdadero periodo revolucionario de huelgas de masas tanto como unas maniobras navales realizadas en un puerto extranjero, cuando las relaciones diplomáticas son tensas, se parecen a una guerra. Una huelga de masas nacida simplemente de la disciplina y del entusiasmo desempeñará en el mejor de los casos sólo el papel de un síntoma de la combatividad de los trabajadores, después del cual la situación retornará a la apacible rutina cotidiana. Ciertamente, incluso durante la revolución, las huelgas no caen del cielo. Es necesario que, de una y otra manera, sean realizadas por los obreros. La resolución y la decisión de la clase obrera desempeñará también un papel y es menester precisar que tanto la iniciativa como la dirección de las operaciones ulteriores incumben muy naturalmente a la parte más esclarecida y mejor organizada del proletariado: la socialdemocracia. Pero esta iniciativa y esta dirección sólo se aplican a la ejecución de tal o cual acción aislada, de tal o cual huelga de masas, cuando el periodo revolucionario está ya en curso, y las más de las veces, esto ocurre en el interior de una ciudad dada. Por

---

[12] El 17 de enero de 1906, en Hamburgo, se produjo lo que Rosa Luxemburg denomina «un ensayo de huelga de masas».

ejemplo, ya hemos visto que, alguna vez, la socialdemocracia ha lanzado expresamente, y con éxito, la consigna de huelga en Bakú, en Varsovia, en Lodz, en San Petersburgo. Semejante iniciativa tiene muchas menos posibilidades de éxito si se aplica a movimientos generales que afectan al conjunto del proletariado. Por otra parte, la iniciativa y la dirección de las operaciones tienen sus límites determinados. Precisamente durante la revolución es en extremo difícil para un organismo dirigente del movimiento obrero prevenir y calcular la ocasión y los factores que pueden desencadenar o no explosiones. Tomar la iniciativa y la dirección de las operaciones no consiste aquí tampoco en dar arbitrariamente órdenes, sino en adaptarse lo más hábilmente posible a la situación y en mantener el contacto más estrecho con la moral de las masas. El elemento espontáneo, según ya vimos, desempeña un gran papel en todas las huelgas de masas en Rusia, ya sea como elemento impulsor, ya sea como freno. Pero esto es así, no porque en Rusia la socialdemocracia sea aún joven y débil, sino por el hecho de que cada operación particular es el resultado de una tal infinidad de factores económicos, políticos, sociales, generales y locales, materiales y psicológicos, que ninguno de ellos puede definirse ni calcularse como un ejemplo aritmético. Incluso si el proletariado, con la socialdemocracia a la cabeza, desempeña un papel dirigente, la revolución no es una maniobra del proletariado, sino una batalla que se desarrolla cuando todos los fundamentos sociales crujen, se desmoronan y se desplazan incesantemente. Si el elemento espontáneo desempeña un papel tan importante en las huelgas de masas en Rusia, no es porque el proletariado ruso sea «insuficientemente educado», sino porque las revoluciones no se aprenden en la escuela.

Por otra parte, comprobamos que en Rusia, esta revolución que hace tan difícil a la socialdemocracia conquistar la dirección de la huelga y que tan pronto se la arranca, como tan pronto le ofrece la batuta de director de orquesta, resuelve por el contrario precisamente todas las dificultades de la huelga, esas dificultades que el esquema teórico, tal como es discutido en Alemania, considera como la preocupación principal de la dirección: el problema del «aprovisionamiento», de los «gastos», de los «sacrificios materiales». Indudablemente no los resuelve de la misma forma en que se solucionan, lápiz en mano, en el curso de una apacible conferencia secreta, mantenida por las instancias superiores del movimiento obrero. El «arreglo» de todos esos problemas se resumen en lo siguiente: la revolución hace entrar en escena masas populares tan inmensas que toda tentativa de regular por adelantado o estimar los gastos del movimiento – tal como se hace la estimación de los gastos de un proceso civil– aparece como una empresa desesperada. Es verdad que en la propia Rusia los organismos directivos tratan de sostener, con sus mejores medios, a las víctimas del combate. De este modo, por ejemplo, el Partido ayudó durante semanas a las valerosas víctimas del gigantesco lock-out que tuvo lugar en San Petersburgo, después de la campaña por la jornada de ocho horas. Pero en el inmenso balance de la revolución esto equivale a una gota de agua en el mar. En el momento en que comienza un periodo de huelgas de masas de gran envergadura, todas las previsiones y cálculos de gastos son tan vanos como la pretensión de vaciar el océano con un vaso. En efecto, el precio que paga la masa proletaria por toda revolución es un océano de privaciones y de sufrimientos terribles. Un periodo revolucionario resuelve esta dificultad, en apariencia insoluble, desencadenando en la masa una suma tal de idealismo que la vuelve insensible a los sufrimientos más agudos. No se puede hacer ni la revolución ni la huelga de masas con la psicología de un sindicato que sólo consentiría en detener el trabajo el 1 de mayo con la condición de poder contar con precisión con un subsidio determinado por adelantado en caso de ser despedido. Pero en la tempestad revolucionaria el proletariado, el padre de familia prudente, se transforma en un «revolucionario romántico» para el cual el bien supremo mismo –la vida– y con mayor razón el bienestar material tienen poco valor en comparación con el ideal de lucha. En consecuencia, si es verdad que el periodo revolucionario se encarga de la dirección de la huelga, en el sentido de la iniciativa de su desencadenamiento y de la carga de los gastos, no es menos cierto que, en un sentido completamente diferente, la dirección de la huelga de masas corresponde a la socialdemocracia y a sus organismos directivos. En lugar de plantearse el problema de la técnica y del mecanismo de la huelga de masas en un periodo revolucionario, la socialdemocracia está llamada a asumir la dirección *política*. La tarea de «dirección» más importante en el periodo de la huelga de masas consiste en dar la consigna de la lucha, en orientar, en regular la *táctica* de la lucha política de manera tal, que en cada fase y en cada instante del combate, sea realizada y movilizada la totalidad del poder del proletariado ya comprometido y lanzado a la batalla, y que este poder se exprese por la posición del Partido en la lucha; es necesario que la táctica de la socialdemocracia nunca se encuentre, en lo que respecta a la energía y a la precisión, por debajo del nivel de la relación de las fuerzas en acción, sino que por el contrario sobrepase ese nivel; en tal caso dicha dirección política se transformará automáticamente, en cierta medida, en dirección técnica. Una táctica socialista consecuente, resuelta, avanzada, provoca en las masas un sentimiento de seguridad, de confianza, de combatividad; una táctica vacilante, débil, fundada en una sobreestimación de las fuerzas del proletariado, paraliza y desorienta a las masas. En el primer caso, las huelgas estallan «espontáneamente» y siempre «en el momento oportuno»; en el segundo caso, será inútil que el partido llame directamente a la huelga. Todo será en vano. La revolución rusa nos ofrece ejemplos que hablan de uno y del otro caso.

Capítulo 5. V

En los momentos actuales la cuestión a plantear es la siguiente: ¿en qué medida todas las lecciones que se pueden extraer de la huelga general en Rusia pueden aplicarse en Alemania? Las condiciones sociales y políticas, la historia y la situación del movimiento obrero difieren enteramente en Alemania y en Rusia. A primera vista podría pensarse que las leyes internas de las huelgas de masas en Rusia, tal como las hemos expuesto más arriba, son resultado de condiciones específicamente rusas, no siendo válidas en absoluto para el proletariado alemán. En la revolución, la lucha política y la lucha económica están vinculadas por relaciones muy estrechas, y su unidad se revela en el periodo de las huelgas de masas. Pero, ¿no es eso una consecuencia del absolutismo ruso? En un Estado donde toda forma y manifestación del movimiento obrero están prohibidas, donde la más simple de las huelgas es un crimen, toda lucha económica se transforma necesariamente en lucha política.

Por otra parte, e inversamente, si la primera explosión de la revolución implicó un ajuste de cuentas general de la clase obrera con la patronal, eso es la simple consecuencia del hecho que hasta entonces el obrero ruso tenía el nivel de vida más bajo y que jamás había llevado adelante la menor batalla económica en regla para mejorar su suerte. El proletariado ruso debía comenzar primero por salir de la más innoble condición: ¿por qué asombrarnos entonces de que haya puesto un ardor juvenil desde el momento en que la revolución trajo el primer soplo vivificador en el aire irrespirable del absolutismo? Y, finalmente, el curso tumultuoso de la huelga de masas, así como su carácter elemental y espontáneo se explican en parte por la situación política atrasada de Rusia y, en parte, por la falta de educación y de organización del proletariado ruso. En un país donde la clase obrera tiene detrás suyo treinta años de experiencia de vida política, un partido socialista con tres millones de votos y un centro de tropas sindicalmente organizadas que alcanzan un millón y cuarto, es imposible que la lucha política, que las huelgas de masas, revistan el mismo carácter tempestuoso y elemental que en un Estado semibárbaro que acaba apenas de pasar, sin transición, de la Edad Media al orden burgués moderno. Esta es la idea que se hace generalmente la gente que quiere medir el grado de madurez de la situación económica de un país, a partir de la letra de sus leyes escritas.

Examinemos los problemas separadamente. En primer lugar, es inexacto hacer remontar el principio de la lucha económica a la explosión de la revolución. De hecho, las huelgas y los conflictos salariales no habían dejado de estar cada vez más a la orden del día; a partir del inicio de la década de los noventa en Rusia propiamente dicha e incluso desde fines de los años ochenta en la Polonia rusa, prácticamente habían adquirido carta de ciudadanía. Es verdad que provocaban, a menudo, brutales represiones policiales, sin embargo, formaban parte de los hechos cotidianos. Es así como en Varsovia y en Lodz existía, desde 1891, una caja mutual importante; el entusiasmo por los sindicatos hizo nacer en Polonia durante algún tiempo incluso esas ilusiones «economistas» que algunos años más tarde reinaron en San Petersburgo y en el resto de Rusia[13].

De igual modo hay mucha exageración en la idea que nos hacíamos de la miseria del proletariado del Imperio zarista antes de la revolución. La categoría de obrero, que es actualmente la más activa y ardiente, tanto en la lucha económica como en la política, la de los trabajadores de la gran industria de las grandes ciudades, tenía un nivel de existencia apenas inferior al de las categorías correspondientes del proletariado alemán; en cierto número de oficios, encontramos salarios iguales e incluso superiores a los existentes en Alemania.

V

Del mismo modo, en lo que respecta a la duración del trabajo, la diferencia entre las grandes empresas

---

[13] En consecuencia, sólo por error la camarada Roland-Holst puede escribir, en el prefacio de la edición rusa de su libro *General-streik und Sozialdemokratie* [Huelga general y socialdemocracia]: «El proletariado [de Rusia] desde los comienzos de la gran industria casi se había familiarizado con la huelga de masas por la simple razón de que bajo la opresión política del absolutismo las huelgas parciales se habían revelado como imposibles» (véase *Neue Zeit*, 1906, n. 33). Todo lo contrario fue lo que se produjo. El informante de la Unión de Sindicatos de San Petersburgo, al comienzo de su informe leído en el curso de la segunda conferencia de los sindicatos rusos, en febrero de 1906, señalaba lo siguiente: «En el momento en que se reúne la presente conferencia, no tengo necesidad de hacerles notar que nuestro movimiento sindical no tiene su origen en el periodo "liberal" del príncipe Sviatopol-Mirski [en 1904 -R.L.], como muchos tratan de hacer creer; de donde sí nació es del 22 de enero. El movimiento sindical tiene raíces mucho más profundas: está indisolublemente ligado a todo el pasado de nuestro movimiento obrero. Nuestros sindicatos son sólo formas nuevas de organización que prosiguen la lucha económica que el proletariado ruso lleva adelante desde hace años. Sin profundizar más en la historia, tenemos el derecho de decir que la lucha económica de los obreros de San Petersburgo reviste formas, más o menos organizadas, desde las memorables huelgas de 1896 y 1897. La dirección de esta lucha política corresponde a esa organización socialdemócrata que se llamó *Unión de lucha por la emancipación de la clase obrera* de San Petersburgo y que después de la conferencia de marzo de 1898 se llamó *Comité petersburgués del partido obrero socialdemócrata de Rusia*. Se creó un sistema complicado de organizaciones en las fábricas, en los distritos y en los barrios con innumerables hilos que vinculaban el organismo central con las masas obreras y permitían responder por medio de carteles a todas las necesidades de la clase obrera. De este modo, estaba dada la posibilidad de apoyar y dirigir las huelgas».

industriales de los dos países es insignificante. La idea de un pretendido ilotismo material y cultural de la clase obrera rusa no reposa sobre nada sólido. Si se reflexiona un poco es refutada por el hecho mismo de la revolución y del papel eminente que desempeñó el proletariado. Revoluciones con semejante madurez y lucidez política no se hacen con un subproletariado miserable. Los obreros de la gran industria de San Petersburgo, de Varsovia, de Moscú y de Odesa, que encabezaban el combate, están mucho más próximos del tipo occidental, en el plano cultural e intelectual, de lo que se imaginan los que consideran al parlamentarismo burgués y a la práctica sindical regular como la única e indispensable escuela del proletariado. El desarrollo industrial moderno de Rusia y la influencia de quince años de socialdemocracia dirigiendo y animando la lucha económica han logrado, incluso en ausencia de garantías exteriores del orden legal burgués, un trabajo civilizador importante.

Pero las diferencias se atenúan también si consideramos el otro aspecto de la cuestión y examinamos más de cerca el nivel de vida real de la clase obrera alemana. Las grandes huelgas de masas políticas agitaron violentamente, desde el primer instante, a las capas más amplias del proletariado ruso que se lanzó enardecidamente a la batalla económica. ¿Pero acaso no existen en Alemania en el seno de la clase obrera categorías que viven en una oscuridad que la bienhechora luz del sindicato apenas ha iluminado, categorías que se esforzaron muy poco o que trataron sin éxito de salir de su ilotismo social, llevando adelante, cotidianamente, la lucha por los salarios? Tomemos el ejemplo de la miseria de los *mineros;* inclusive en el apacible trajín cotidiano, en la fría atmósfera de la rutina parlamentaria alemana –como en los otros países, por otra parte, hasta en Inglaterra, paraíso de los sindicatos– la lucha de los mineros sólo se manifiesta a través de impulsos, fuertes erupciones, huelgas de masas que tienen el carácter de fuerzas elementales. Esta es la prueba de que la oposición entre el capital y el trabajo está demasiado exacerbada, es demasiado violenta como para permitir la disgregación en luchas sindicales parciales, apacibles y metódicas. Pero esta miseria obrera de carácter eruptivo, que incluso en tiempos normales constituye un crisol de tempestades de donde parten las sacudidas violentas, debería desatar inmediata e inevitablemente un conflicto político y económico brutal con motivo de cada acción política de masas en Alemania, de todo choque un poco violento que agite momentáneamente, el equilibrio social normal.

Tomemos el ejemplo de la miseria de los *obreros textiles:* aquí también la lucha económica se manifiesta por medio de explosiones exasperadas y la mayoría de las veces inútiles, que inquietan al país cada dos o tres años y que sólo dan una pálida idea de la violencia explosiva con la que la enorme masa concentrada de los esclavos de la gran industria textil cartelizada reaccionaría en el momento de una sacudida política proveniente de una poderosa acción de masas del proletariado alemán.

Consideremos luego la miseria de los trabajadores a domicilio, la de los obreros de la confección, de la electricidad, verdaderos centros eruptivos donde al menor signo de crisis política, estallarían conflictos económicos violentos, agravados por el hecho de que el proletariado se embarca aquí muy raramente en la batalla en tiempos de paz social, que su lucha es cada vez más inútil y que el capital le obliga cada vez más brutalmente a inclinarse apretando los dientes bajo su yugo.

Veamos ahora a las grandes categorías del proletariado que, en general, en tiempos «normales», no poseen ningún medio para llevar adelante una lucha económica pacífica para mejorar su condición y están privados de todo derecho a la sindicación. Citemos, como primer ejemplo, la miseria evidente de los empleados de los *ferrocarriles y de correos*. Estos obreros del Estado están, en Alemania, en pleno país de la legalidad parlamentaria, en la misma situación que los empleados rusos todavía antes de la revolución, cuando reinaba un absolutismo sin trabas. Desde la gran huelga de octubre de 1905 la situación del ferroviario ruso, en un país donde reinaba todavía formalmente el absolutismo, estaba a cien pies por encima de la del ferroviario alemán, en lo que concierne a su libertad de movimiento económico y social. Los ferroviarios y los carteros rusos conquistaron de hecho el derecho a sindicarse en plena tormenta revolucionaria, por así decirlo, e incluso si momentáneamente llueven procesos sobre procesos y despidos sobre despidos, nada puede destruir su solidaridad interna. Sin embargo, suponer, como lo hace toda la reacción en Alemania, que la obediencia incondicional de los ferroviarios y carteros alemanes durará eternamente, que es roca inamovible, sería hacer un cálculo psicológico enteramente falso. Es verdad que los dirigentes sindicales alemanes están tan acostumbrados a la situación existente que, descontentos de soportar sin emoción esta vergüenza sin ejemplo en Europa, pueden contemplar, con alguna satisfacción, los progresos de la lucha sindical en su país; aunque si hay un levantamiento general del proletariado industrial, la cólera sorda y amasada durante largo tiempo en el corazón de esos esclavos con uniforme del Estado estallará inevitablemente. Y cuando la vanguardia del proletariado, los obreros industriales, quieran conquistar nuevos derechos políticos, o V

defender los antiguos, el gran ejército de los ferroviarios y carteros tomará necesariamente conciencia de la vergüenza de su situación y terminará por sublevarse para librarse de esa parte de absolutismo ruso que se ha creado especialmente para ellos en Alemania. La teoría pedante que pretende hacer desarrollar los grandes movimientos populares según esquemas y recetas, ve en la conquista del derecho a la sindicación por parte de los ferroviarios, una *condición* previa, sin la cual, es imposible «imaginar» siquiera una huelga de masas. El curso verdadero y natural de los acontecimientos sólo puede ser el inverso: únicamente por medio de una acción de masas vigorosa y espontánea podrá ser conquistado el derecho a la sindicación para los carteros y ferroviarios alemanes, y este problema insoluble dentro de la situación actual de Alemania encontrará súbitamente su solución y su realización bajo el efecto y la presión de una acción general del proletariado.

Y finalmente, la más grande e impresionante de las miserias: las de los *obreros agrícolas*. Dado el carácter específico de la economía inglesa y del escaso papel desempeñado por la agricultura en el conjunto de la economía nacional se puede comprender que los sindicatos estén organizados pensando exclusivamente en los obreros industriales. En Alemania, una organización sindical, por maravillosamente desarrollada que esté, si abarca únicamente a los obreros industriales sería inaccesible al inmenso ejército de los obreros agrícolas y sólo daría una imagen débil y parcial de la condición proletaria en su conjunto. Pero por otra parte, sería igualmente peligroso caer en la ilusión de que las condiciones en el campo son inmutables y eternas e ignorar que el trabajo infatigable llevado a cabo por la socialdemocracia, y más aún por toda la política en Alemania, no cesa de minar la pasividad aparente del obrero agrícola; sería un error pensar que en caso de que el proletariado alemán emprendiera una gran acción de clase, cualquiera que fuera su objetivo, el proletariado agrícola se mantendría inactivo. Ahora bien, la participación de los obreros sólo puede manifestarse inicialmente, por una lucha económica tempestuosa, por medio de potentes huelgas de masas.

De este modo tenemos una imagen por completo diferente de la pretendida superioridad económica del proletariado alemán con relación al proletariado ruso, si, dejando de lado la lista de profesiones industriales o artesanales sindicalmente organizadas, consideramos las grandes categorías de obreros que se encuentran al margen de la lucha sindical, o cuya situación económica particular no puede entrar en el estrecho marco de la lucha sindical cotidiana. Pero, incluso si miramos hacia la vanguardia organizada del proletariado industrial alemán y si, por otra parte, observamos el espíritu de los objetivos económicos perseguidos actualmente por los obreros rusos, comprobamos que no se trata en modo alguno de combates que los más antiguos sindicatos alemanes puedan permitirse despreciar como anacrónicos. Así ocurre con la reivindicación principal de las huelgas rusas a partir del 22 de enero de 1905: la jornada de ocho horas no es en absoluto un objetivo superado por el proletariado alemán, todo lo contrario, en la mayoría de los casos aparece como un bello ideal lejano. Otro tanto puede decirse de la «situación del patrón amo en su casa», de la lucha por la introducción de comités obreros en todas las fábricas, la supresión del trabajo a destajo, del trabajo artesanal a domicilio, del respeto absoluto del reposo dominical, del reconocimiento del derecho a sindicarse. Observados de cerca todos los objetivos económicos que el proletariado ruso coloca a la orden del día de la revolución tienen también la mayor actualidad para el proletariado alemán y rozan los puntos dolorosos de la condición obrera. Como resultado de estas reflexiones, tenemos en principio como conclusión que la huelga de masas puramente política, tema preferido de todas las discusiones, es también para Alemania un simple esquema teórico sin vida. Si las huelgas de masas nacen de una gran fermentación revolucionaria y se transforman naturalmente en luchas políticas resueltas del proletariado urbano cederán con la misma naturalidad el lugar a todo un periodo de luchas económicas elementales, tal como ha ocurrido en Rusia.

Los temores de los dirigentes sindicales que temen que en un periodo de luchas políticas tempestuosas, en un periodo de huelgas de masas, la batalla por los objetivos económicos pueda ser apartada o ahogada, reposan sobre una concepción totalmente escolástica y gratuita del desarrollo de los acontecimientos y por el contrario, incluso en Alemania, un periodo revolucionario más bien transformaría el carácter de la batalla económica y la intensificaría a un punto tal que la pequeña guerrilla sindical actual aparecería en comparación como un juego de niños. Y por otra parte, esta explosión elemental de huelgas de masas económicas daría a la lucha política un nuevo impulso y fuerzas frescas. La interacción entre la lucha económica y la lucha política, que constituye hoy el motor interno de las huelgas de masas en Rusia, y al mismo tiempo el mecanismo regulador de la acción revolucionaria del proletariado, se produciría igualmente en Alemania como una consecuencia natural de la situación.

Capítulo 6. VI

Dentro de esta perspectiva, el problema de la organización en sus relaciones con la huelga de masas adopta en Alemania un aspecto totalmente distinto.

La posición adoptada por numerosos dirigentes sindicales sobre este problema se limita, la mayoría de las veces, a la siguiente afirmación: «No somos aún lo suficientemente fuertes como para arriesgar una prueba de fuerza tan temeraria como la huelga de masas.» Ahora bien, esta posición es indefendible, puesto que constituye un problema insoluble el hecho de querer apreciar en frío, por medio de un calculo aritmético, en qué momento el proletariado sería lo «bastante fuerte» como para emprender cualquier lucha. Hace treinta años los sindicatos alemanes contaban con 50.000 miembros, cifra que de acuerdo con los criterios establecidos más arriba no permitía imaginar siquiera una huelga de masas. Quince años más tarde, los sindicatos eran ocho veces más poderosos, ya que contaban con 237.000 miembros. Sin embargo, si en esa época se hubiese preguntado a los actuales dirigentes si la organización del proletariado tenía la madurez necesaria como para emprender una huelga de masas seguramente habrían respondido que se estaba lejos de ello, que la organización sindical debiera primero reagrupar millones de adherentes. Al presente contamos con más de un millón de afiliados, pero la opinión de los dirigentes es siempre la misma y esto podría durar indefinidamente. Dicha actitud se funda sobre el postulado implícito de que la clase obrera en su totalidad, hasta el último hombre, hasta la última mujer, debe entrar en la organización antes de que seamos lo «suficientemente poderosos» como para arriesgar una acción de masas, la cual se revelaría según la vieja fórmula, probablemente como superflua. Pero esta teoría es perfectamente utópica por la simple razón de que sufre una contradicción interna, de que se mueve en un círculo vicioso. Cualquier forma directa de lucha de clases estaría sometida a la condición de una organización total de los trabajadores. Pero las circunstancias y las condiciones de la evolución capitalista y del Estado burgués hacen que, en una situación «normal», sin luchas de clases violentas, ciertas categorías —y de hecho se trata precisamente del grueso de las tropas, las categorías más importantes, las más miserables, las más aplastadas por el Estado y por el capital— no pueden en absoluto estar organizadas. De este modo, comprobamos que, incluso en Inglaterra, un siglo entero de trabajo sindical infatigable, sin todos esos «disturbios» —excepto al principio del periodo del cartismo—, sin todas las desviaciones y las tentaciones del «romanticismo revolucionario», sólo ha logrado organizar una minoría entre las categorías privilegiadas del proletariado.

Pero por otra parte los sindicatos, al igual que las demás organizaciones de combate del proletariado, no pueden a la larga mantenerse sino por medio de la lucha, y una lucha que no es solamente la pequeña guerra de ranas y ratones en las aguas estancadas del parlamentarismo burgués, sino un periodo revolucionario de luchas violentas de masas. La concepción rígida y mecánica de la burocracia sólo admite la lucha como resultado de la organización que ha llegado a un cierto grado de fuerza. La evolución dialéctica viva, por el contrario, hace nacer a la organización como producto de la lucha. Hemos visto ya un magnífico ejemplo de ese fenómeno en Rusia, donde un proletariado, casi inorgánico, comenzó a crear, en un año y medio de luchas revolucionarias tumultuosas, una vasta red de organizaciones. Otro ejemplo de este orden nos es proporcionado por la propia historia de los sindicatos alemanes. En 1878, los sindicatos contaban con 50.000 miembros. Ya vimos que, según la teoría de los dirigentes sindicales actuales, esta organización no era lo «suficientemente poderosa» como para embarcarse en una lucha política violenta. Sin embargo, los sindicatos alemanes, no obstante su debilidad, se embarcaron en la lucha (me refiero a la lucha contra la ley de excepción) [14] y revelaron ser lo «suficientemente poderosos» como para salir vencedores, quintuplicando su potencia. Luego de la supresión de la ley, en 1891, contaban con 227.659 adherentes. A decir verdad, el método gracias al cual lograron la victoria contra la ley de excepción no corresponde para nada al ideal de un trabajo apacible y paciente de hormiga; todos comenzaron por hundirse en la batalla para subir y renacer luego con la próxima ola. Ahora bien, éste es el método específico precisamente de crecimiento de las organizaciones proletarias: prueban sus fuerzas en la batalla y salen renovadas. Examinando con más detenimiento las condiciones alemanas y la situación de las diversas categorías de obreros, se ve claramente que el próximo periodo de luchas de masas políticas y violentas

---

[14] La ley de excepción contra los socialistas que Bismarck logró hacer votar por el Reichstag en 1878 y hacer renovar hasta 1890 prohibía la existencia del partido socialdemócrata. Muchos de los dirigentes emigraron, en particular a Suiza, donde hicieron aparecer el periódico *Der Sozialdemokrat*.

implicaría para los sindicatos no la amenaza del desastre que se teme, sino, por el contrario, la perspectiva nueva e insospechada de una extensión de su esfera de influencia por medio de saltos rápidos. Pero este problema tiene todavía otros aspectos. El plan que consistiría en emprender una huelga de masas importante a título de acción política de clase, con la única VI

ayuda de los obreros organizados, es absolutamente ilusorio. Para que la huelga, o más bien las huelgas de masas, para que la lucha se vea coronada por el éxito, debe convertirse en un verdadero movimiento popular, es decir, arrastrar a la batalla a las capas más amplias del proletariado. Incluso en el plano parlamentario, la potencia de la lucha de clases proletaria no se apoya sobre un pequeño grupo organizado, sino sobre la vasta periferia del proletariado animado por simpatías revolucionarias. Si la socialdemocracia quisiera llevar adelante la batalla electoral, con el único apoyo de algunos centenares de afiliados se condenaría a sí misma al aniquilamiento. Aunque la socialdemocracia desee hacer entrar en sus organizaciones a casi todo el contingente de sus electores, la experiencia de treinta años demuestra que el electorado del socialismo no aumenta en función del crecimiento del partido, sino a la inversa, que las capas obreras, recientemente conquistadas en el curso de la batalla electoral, constituyen el terreno que será luego fecundado por la organización. Aquí también no es sólo la organización la que proporciona las tropas combatientes, sino la batalla la que proporciona, en una medida mucho más amplia, los contingentes para la organización. Evidentemente esto es mucho más valedero para la acción de masas política que para la lucha parlamentaria. Aunque la socialdemocracia, como núcleo organizado de la clase obrera, sea la vanguardia de toda la masa de los trabajadores y aunque el movimiento obrero extraiga su fuerza, su unidad, su conciencia política, de esta misma organización, el movimiento proletario no puede ser concebido jamás como el movimiento de una minoría organizada. Toda verdadera gran lucha de clases debe fundarse en el apoyo y la colaboración de las más amplias capas, una estrategia que no tomara en cuenta esta colaboración, que sólo pensara en los desfiles bien ordenados de la pequeña parte del proletariado reclutado en sus filas, se vería condenada a un lamentable fracaso. En Alemania, las huelgas y las acciones políticas de masas no pueden ser dirigidas solamente por los militantes organizados, ni organizadas o «comanditadas» por un estado mayor que emane de un organismo central del partido. Como en Rusia, lo que se necesita, en semejante eventualidad, es menos una «disciplina», una «educación política», una evaluación tan precisa como sea posible de los gastos y los subsidios, que una acción de clase resuelta y verdaderamente revolucionaria, capaz de interesar y de arrastrar a las capas más extensas de las masas proletarias desorganizadas, pero revolucionarias por sus simpatías y su condición. La sobreestimación o la falsa apreciación del papel de la organización en la lucha de clases del proletariado está vinculada generalmente a una subestimación de la masa de los proletarios desorganizados y de su madurez política. Sólo en un periodo revolucionario, en medio de la efervescencia de las grandes luchas tumultuosas de clase es donde se manifiesta el papel educador de la evolución rápida del capitalismo y de la influencia socialista sobre las amplias capas populares; en tiempos normales las estadísticas de las organizaciones o incluso las estadísticas electorales, sólo dan una idea extremadamente pobre de esta influencia.

Hemos visto que en Rusia, desde hace más o menos dos años, el menor conflicto limitado de los obreros con la patronal, la menor brutalidad por parte de las autoridades gubernamentales locales, pueden engendrar inmediatamente una acción general del proletariado. Todo el mundo se da cuenta de éllo y lo encuentra normal, porque en Rusia precisamente está «la revolución». ¿Pero, qué se quiere decir con esto? Se quiere decir que el sentimiento, el instinto de clase es tan vivo en el proletariado ruso que todo problema parcial que afecte a un grupo restringido de obreros le concierne directamente como un problema general, como un asunto de clase, y reacciona inmediatamente en su conjunto. Mientras que en Alemania, en Francia, en Italia, en Holanda, los conflictos sindicales más violentos no dan lugar a ninguna acción general del proletariado —ni siquiera de su núcleo organizado—, en Rusia, el menor incidente desencadena una tempestad violenta. Pero esto sólo significa una cosa: por paradójico que pueda parecer, el instinto de clase de proletariado ruso, muy joven, no educado, poco esclarecido y aún menos organizado, es infinitamente más vigoroso que el de la clase obrera organizada, educada y esclarecida de Alemania, o de cualquier otro país de

Europa Occidental. Esto no es para ponerlo en la cuenta de no se qué virtud del «Oriente joven y virgen», por oposición con el «Occidente podrido», sino que se trata muy simplemente del resultado de la acción revolucionaria directa de las masas. En el obrero alemán esclarecido la conciencia de clase inculcada por la socialdemocracia es una conciencia *teórica, latente:* en el periodo de la dominación del parlamentarismo burgués no tiene, en general, ocasión de manifestarse por una acción de masas directa; es la suma ideal de las cuatrocientas acciones paralelas de las circunscripciones durante la lucha electoral, de los numerosos conflictos económicos parciales, etc. En la revolución, donde la propia masa aparece en la escena política, la conciencia de clase se vuelve conciencia *práctica y activa.* De este modo, un año de revolución ha dado al proletariado ruso esa «educación» que treinta años de luchas parlamentarias y sindicales no pueden dar artificialmente al proletariado alemán. Ciertamente, este instinto de clase viviente y activo que anima al proletariado disminuirá sensiblemente, incluso en Rusia, una vez cerrado el periodo revolucionario y una vez instituido el régimen parlamentario burgués legal, o al menos se transformará en una conciencia escondida y latente. Pero inversamente no es menos cierto que, en Alemania, en un periodo de acciones VI

políticas enérgicas, un vivo instinto de clase revolucionario, ávido por actuar, se apoderará de las capas más amplias y profundas del proletariado; esto se hará con tanta más fuerza y tanto más rápidamente cuanto más poderosa haya sido la influencia educadora de la socialdemocracia. Esta obra educadora, así como la acción estimulante revolucionaria de la política alemana actual, se manifestarán en lo siguiente: en un periodo revolucionario auténtico, la masa de todos los que en la actualidad se encuentran en un estado de apatía política aparente y son insensibles a todos los esfuerzos de los sindicatos y del partido para organizarlos se enrolará en las filas de la socialdemocracia. Seis meses de revolución harán más por las masas actualmente desorganizadas, que diez años de reuniones públicas y de distribución de panfletos. Y cuando la situación en Alemania haya alcanzado el grado de madurez necesario para un periodo semejante, las categorías que están hoy mas atrasadas y desorganizadas constituirán naturalmente el elemento más radical en la lucha, el más fogoso, y no el más pasivo. Si se producen huelgas de masas en Alemania, quienes desplegarán la mayor capacidad de acción no serán los obreros mejor organizados –no ciertamente los obreros gráficos–, sino los obreros menos organizados o incluso desorganizados, tales como los mineros, los obreros textiles o incluso los obreros agrícolas.

De este modo llegamos a las mismas conclusiones para Alemania, en lo que concierne al papel a desempeñar por la «dirección» de la socialdemocracia en relación a las huelgas de masas, que para Rusia en el análisis de los actuales acontecimientos. En efecto, dejemos de lado la teoría pedante de una huelga demostrativa montada artificialmente por el partido y los sindicatos y ejecutada por una minoría organizada, y consideremos el cuadro vivo de un verdadero movimiento popular surgido de la exasperación de los conflictos de clase y de la situación política que explota con la violencia de una fuerza elemental en conflictos tanto económicos como políticos y en huelgas de masas. La tarea de la socialdemocracia consistirá entonces no en la preparación o la dirección técnica de la huelga, sino en la dirección política del conjunto del movimiento.

La socialdemocracia es la vanguardia más esclarecida y consciente del proletariado. No puede ni debe esperar con fatalismo, con los brazos cruzados, que se produzca una «situación revolucionaria» ni que el movimiento popular espontáneo caiga del cielo. Por el contrario, tiene el deber, como siempre, de *adelantarse* al curso de los acontecimientos, de buscar *precipitarlos*. No lo logrará lanzando al azar, y no importa en qué momento, oportuno o no, la consigna de la huelga, sino más bien haciendo comprender a las capas más amplias del proletariado que la llegada de un periodo semejante es *inevitable*, explicándoles las *condiciones sociales* internas que conducen a ello, así como sus *consecuencias políticas*. Para arrastrar a las capas más amplias del proletariado a una acción política socialista y para que, inversamente, en caso de un movimiento de masas la socialdemocracia asuma y mantenga la dirección efectiva, que domine *en sentido político* a todo el movimiento, es necesario que, en el periodo de las luchas futuras, sepa fijar con claridad, coherencia y resolución absolutas la táctica y las *metas* del proletariado alemán.

Capítulo 7. VII

Hemos visto que, en Rusia, la huelga de masas no es el producto artificial de una táctica impuesta por la socialdemocracia, sino un fenómeno histórico natural nacido sobre el suelo de la revolución actual. Ahora bien, ¿cuáles son los factores que provocaron la nueva forma en que se ha producido la revolución? La revolución rusa tiene como primera tarea, la abolición del absolutismo y el establecimiento de un Estado moderno legal, con régimen parlamentario burgués. Formalmente, es la misma tarea que se había propuesto la revolución de marzo de 1848 en Alemania y la gran revolución burguesa francesa de fines del siglo XVIII. Pero estas revoluciones, que presentan analogías formales con la revolución actual, tuvieron lugar en condiciones y en un clima histórico totalmente diferentes de los de la Rusia actual. La diferencia esencial es la siguiente: entre estas revoluciones burguesas de Occidente y la revolución burguesa actual en Oriente se expandió todo el ciclo del desarrollo capitalista. El capitalismo no afectó solamente a los países de Europa occidental, sino igualmente a la Rusia absolutista. La gran industria, con todas sus secuelas, se convirtió en el modo de producción dominante en Rusia, es decir, decisivo para la evolución social: la división moderna de las clases y las contradicciones sociales acentuadas, la vida de las grandes ciudades y el proletariado moderno. De todo ello resultó una situación histórica extraña y llena de contradicciones. Por sus objetivos formales, la revolución burguesa está dirigida, en principio, por un proletariado moderno, con una conciencia de clase desarrollada, en un medio internacional colocado bajo el signo de la decadencia burguesa. En la actualidad, el elemento motor en las revoluciones occidentales no es, como ocurría anteriormente, la burguesía –la masa proletaria estaba por ese entonces perdida en el seno de la pequeña burguesía y servía de fuerza de maniobra a las clases dominantes. Hoy es el proletariado consciente el que constituye el elemento activo y dirigente, mientras que las capas de la gran burguesía se muestran ya sea abiertamente contrarrevolucionarias, ya sea moderadamente liberales, y sólo la pequeña burguesía rural y la *intelligentzia* pequeñoburguesa de las ciudades tienen una actitud francamente de oposición, incluso revolucionaria. Pero el proletariado ruso, llamado a desempeñar de este modo un papel dirigente en la revolución burguesa, emprende la lucha en el momento en que la posición entre el capital y el trabajo es particularmente tajante, y cuando está liberado de las ilusiones de la democracia burguesa, cuando posee en cambio una conciencia aguda de sus intereses específicos de clase. Esta situación contradictoria se manifiesta por el hecho de que en esta revolución, formalmente burguesa, el conflicto entre la sociedad burguesa y el absolutismo esta dominado por el conflicto entre el proletariado y la sociedad burguesa, que el proletariado lucha a la vez contra el absolutismo y la explotación capitalista, que la lucha revolucionaria tiene por objeto a la vez la libertad política y la conquista de la jornada de ocho horas así como un nivel material de existencia conveniente para el proletariado Ese doble carácter de la revolución rusa se manifiesta en esa vinculación e interacción estrecha entre la lucha económica y la lucha política, que los acontecimientos de

Rusia nos dieron a conocer y que se expresan precisamente en la huelga de masas. En las revoluciones burguesas anteriores eran los partidos burgueses los que tomaron a su cargo la educación política y la dirección de la masa revolucionaria, pero sólo se trataba de derribar al gobierno anterior. El combate de barricadas, de corta duración, era por ese entonces la forma más apropiada de lucha revolucionaria. En el presente, la clase obrera está obligada a educarse, reunirse y dirigirse a sí misma en el curso de la lucha, y de este modo la revolución está orientada tanto contra la explotación capitalista como contra el régimen de Estado anterior. La huelga de masas aparece así como el medio natural de reclutar, organizar y preparar para la revolución a las más amplias capas proletarias y es al mismo tiempo un medio de minar y abatir el Estado anterior o de contener la explotación capitalista. El proletariado industrial urbano es, en el presente, el alma de la revolución en Rusia. Pero, para llevar a cabo una acción política de masas es necesario, primero, que el proletariado se reúna en masa; para ello, es menester que salga de las fábricas y de los talleres, de las minas y de los altos hornos y que supere esa dispersión y derroche de fuerzas a que lo condena el yugo capitalista. La huelga de masas es, por consiguiente, la forma natural y espontánea de toda gran acción revolucionaria del proletariado en la revolución; cuanto más importante se vuelve la industria, como forma predominante de la economía de una sociedad, mayor es el papel desempeñado por el proletariado en la revolución, más exasperada es la oposición entre el capital y el trabajo, y mayor importancia y amplitud tienen necesariamente las huelgas de masas. La precedente forma básica de las revoluciones burguesas, la lucha de barricadas, el enfrentamiento directo con el poder armado del Estado es, en la revolución moderna, un mero punto exterior, un momento solamente de todo el proceso de la lucha de masas proletarias.

De este modo, la nueva forma de la revolución ha permitido alcanzar ese nivel «civilizado» y «atenuado» de las luchas de clase, profetizado por los oportunistas de la socialdemocracia alemana, los Bernstein, los David[15] y secuaces. A decir verdad, imaginaban esta lucha de clases «atenuada», «civilizada», según sus deseos, a través de las ilusiones pequeñoburguesas y democráticas: creían que la lucha de clases se limitaría exclusivamente a la batalla parlamentaria y que la revolución –en el sentido de combates callejeros sería simplemente suprimida. La historia ha resuelto el problema a su manera, que es a la vez la más profunda y la más sutil: hizo surgir la huelga de masas que, ciertamente, no reemplaza ni torna superfluos los enfrentamientos directos y brutales en la calle, sino que los reduce a un simple momento en el largo periodo de luchas políticas y, al mismo tiempo, vincula la revolución con un trabajo gigantesco de civilización en el sentido estricto del término: la elevación material e intelectual del conjunto de la clase obrera, «civilizando» las formas bárbaras de la explotación capitalista.

La huelga de masas aparece de ese modo, no como un producto específicamente ruso regenerado por el

---

[15] Eduard David, político alemán (1863-1930), diputado socialista al Reichstag, autor de un proyecto de programa agrario (1895) rechazado por el partido; teórico reformista, partidario de la pequeña propiedad campesina.

absolutismo, sino como una forma universal de la lucha de clases proletaria determinada por el nivel actual del desarrollo capitalista y de las relaciones de clase. Las tres revoluciones burguesas: la francesa, de 1789, la alemana, de marzo de 1848 y, la actual revolución rusa, constituyen, desde este punto de vista, una cadena de evolución continua: reflejan la grandeza y la decadencia del siglo capitalista. En la Gran Revolución francesa, los conflictos internos de la sociedad burguesa, todavía latentes, ceden el lugar a un largo periodo de luchas brutales donde todas las oposiciones brotan y maduran al calor de la revolución y estallan con una violencia extrema y sin ninguna traba. Medio siglo más tarde la revolución burguesa alemana, que se produce a mitad de camino de la evolución capitalista, es detenida por la oposición de los intereses y el equilibrio de fuerzas entre el capital y el trabajo, ahogada por un compromiso entre feudalismo y burguesía, reducida a un breve y lastimoso interludio, rápidamente amordazado. Pasa otro medio siglo y la revolución rusa actual estalla en un punto de la evolución histórica situado ya sobre la otra vertiente de la montaña, más allá del apogeo de la sociedad capitalista. La revolución burguesa no puede más ser ahogada por la oposición entre burguesía y proletariado, por el contrario, se extiende durante un largo periodo de conflictos sociales violentos que hacen aparecer los viejos ajustes de cuentas con el absolutismo como irrisorios comparados a los nuevos exigidos por la revolución. La revolución de hoy realiza los resultados del desarrollo capitalista internacional en este caso particular de la Rusia absolutista: aparece menos como la heredera de las viejas revoluciones burguesas que como la precursora de una nueva serie de revoluciones proletarias. El país más atrasado, precisamente porque tiene un retraso imperdonable en la tarea de cumplir la revolución burguesa, muestra al proletariado de Alemania y de los países más avanzados las vías y los métodos de la lucha de clases futura. Incluso desde este punto de vista, es completamente erróneo considerar de lejos a la revolución rusa como un espectáculo grandioso, como algo específicamente ruso, contentándose con admirar el heroísmo de los combatientes, dicho de otro modo, los accesorios exteriores de la batalla. Por el contrario, es importante que los obreros alemanes aprendan a mirar la revolución rusa como *algo que les concierne directamente;* no basta con que experimenten una solidaridad internacional con el proletariado ruso, deben considerar a esta revolución como un *capítulo de su propia historia social y política.* Los dirigentes y los parlamentarios que piensan que el proletariado alemán es «demasiado débil» y la situación en Alemania poco madura para las luchas revolucionarias de masa no sospechan que lo que refleja el grado de madurez de la situación de clase y la potencia del proletariado en Alemania no son las estadísticas de los sindicatos ni las estadísticas electorales, sino los acontecimientos de la revolución rusa. El grado de madurez de las luchas de clases en Francia, bajo la monarquía de Julio y las batallas de julio en París se midió en la revolución de marzo de 1848, en Alemania, en su evolución y en su fracaso. Asimismo hoy la madurez de las oposiciones de clase en Alemania se refleja en los acontecimientos y el poder de la revolución rusa. Los burócratas registran los cajones de sus escritorios para encontrar la prueba del poder y de la madurez del movimiento obrero alemán sin ver que lo que buscan está delante de sus ojos, en una gran revolución histórica. Porque históricamente la revolución rusa es un reflejo de la potencia y de la madurez del movimiento obrero internacional y antes que nada del movimiento alemán. Se reduciría la revolución rusa a un resultado muy pequeño, grotescamente mezquino, si se extrajera de ella, para el proletariado alemán, la simple lección que extraen los camaradas Frohme, Elm[16]y otros: pedir prestada a la revolución rusa la forma exterior de la lucha, la huelga de masas, y guardarla en el arsenal de reserva para el caso de que se suprima el sufragio universal; dicho de otro modo, reducirla al papel pasivo de un arma de defensa para el parlamentarismo[17]. Si nos quitan el derecho de sufragio en el Reichstag, nos defenderemos. Este es un principio que no se discute. Pero para mantener ese principio, es inútil adoptar la postura heroica de un Danton, como hizo el camarada Elm en el Congreso de Jena; la defensa de los derechos parlamentarios modestos que poseemos ya no es una innovación sublime que reclame las terribles hecatombes de la revolución rusa para alentar su aplicación. Pero la política del proletariado en el periodo revolucionario no debe reducirse en ningún caso a una simple actitud defensiva. Sin duda es difícil prever con certeza si la abolición del sufragio universal en Alemania

---

[16] Frohme (1850-1953), socialista sindicalista (federación de la construcción). Elm (1857-1918), uno de lo pioneros del movimiento cooperativista. Sindicalista y defensor de la autonomía de los sindicatos frente al partido.

[17] A comienzos de siglo se temía la supresión del sufragio universal para las elecciones al Reichstag, con el propósito de impedir el impetuoso avance socialista. En realidad, esto ocurrió sólo en los parlamentos locales (Landtag), donde existía un sistema de sufragio calificado.

conducirá a una situación que provoque inmediatamente una huelga de masas; por otra parte, es verdad que una vez que Alemania entre en un periodo de huelgas de masas le sería imposible a la socialdemocracia detener su táctica en una simple defensa de los derechos parlamentarios. Está fuera del alcance de la socialdemocracia determinar por adelantado la ocasión y el momento en que se desencadenarán las huelgas de masas, porque está fuera de su alcance hacer nacer situaciones por medio de simples resoluciones de congreso. Pero lo que sí está a su alcance, y constituye su deber, es precisar la orientación política de esas luchas cuando se produzcan y traducirla en una táctica resuelta y consecuente. No se pueden dirigir a voluntad los acontecimientos históricos imponiéndoles reglas, pero se pueden calcular por adelantado sus consecuencias probables y regular de acorde con éstas la propia conducta.

El peligro más inminente que acecha al movimiento obrero alemán desde hace años es el de un golpe de Estado de la reacción, que pretendería privar a las masas populares más amplias su derecho político más importante, a saber, el sufragio universal para las elecciones del Reichstag. A pesar de los alcances inmensos que tendría un acontecimiento semejante, es imposible predecir con certeza, repitámoslo, que habrá inmediatamente una respuesta popular directa a ese golpe de Estado, bajo la forma de una huelga de masas. Hoy ignoramos, en efecto, la infinidad de circunstancias y de factores que en un movimiento de masas contribuyen a determinar la situación. Sin embargo, si se considera la exasperación de los antagonismos de clases en Alemania y por otra parte las consecuencias internacionales múltiples de la revolución rusa, así como una Rusia renovada en el futuro, es evidente que el trastorno político que provocaría en Alemania la abolición del sufragio universal no se atrincheraría sólo en la defensa de ese derecho. Un golpe de Estado semejante desencadenaría inevitablemente, en un lapso de tiempo más o menos largo, una expresión elemental de cólera; una vez despiertas las masas populares ajustarían todas sus cuentas políticas con la reacción: se levantarían contra el precio usuario del pan y el encarecimiento artificial de la carne; contra las cargas impuestas por los gastos ilimitados del militarismo y del «marinismo»; contra la corrupción de la política colonial, la vergüenza nacional del proceso de Koenisberg y la detención de las reformas sociales; contra las medidas que apuntan a la privación de los derechos a los ferroviarios, los empleados de correos y los obreros agrícolas; contra las medidas represivas tomadas contra los mineros; contra el juicio de Löbtau y toda justicia clasista; contra el sistema brutal de lock-out. En resumen, contra toda la opresión ejercida desde hace veinte años por el poder coaligado de los terratenientes de Prusia oriental y del gran capital de los cartels.

Una vez que la bola de nieve se pone a rodar no puede detenerse, lo quiera o no la socialdemocracia. Los adversarios de la huelga de masas niegan la lección y el ejemplo de la revolución rusa como inaplicables a Alemania, bajo el pretexto de que en Rusia era necesario primero saltar sin transición de un régimen de despotismo oriental a un orden legal burgués moderno. Esta separación normal entre el régimen político antiguo y el moderno sería suficiente para explicar la vehemencia y la violencia de la revolución rusa. En Alemania poseemos, desde hace largo tiempo, las formas y las garantías de un régimen de Estado fundado sobre el derecho; es por ello que un desencadenamiento tan elemental de conflictos sociales es imposible a sus ojos. Los que así razonan olvidan que en cambio en Alemania, una vez iniciadas las luchas políticas, el objetivo histórico será totalmente distinto al de la Rusia de hoy. Es justamente porque en Alemania el régimen constitucional existe desde hace mucho y tuvo el tiempo de agotarse y de llegar a su declinación, porque la democracia burguesa y el liberalismo han llegado a su término, que ya no puede plantearse más la revolución *burguesa* en Alemania. Un periodo de luchas políticas abiertas no tendría necesariamente en Alemania como único objetivo histórico, la *dictadura del proletariado*. Pero la distancia que separa la situación actual en Alemania de ese objetivo es todavía mucho mayor que la que separa el régimen legal burgués del régimen del despotismo oriental. Por eso el objetivo no puede ser logrado de una sola vez; sólo puede ser alcanzado después de un largo periodo de conflictos sociales gigantescos.

Pero, ¿no hay contradicciones flagrantes en las perspectivas que abrimos? Por una parte afirmamos que, en el curso de un eventual periodo de acciones de masa futuras, quienes comenzarán por obtener el derecho de coalición serán, al principio, las capas sociales más atrasadas de Alemania, los obreros agrícolas, los empleados de ferrocarril y de correos, y afirmamos también que será necesario suprimir primero los excesos más odiosos de la explotación capitalista; por otra parte, el objetivo político de este periodo sería ya la conquista del poder político por el proletariado. Por un lado se trataría de reivindicaciones económicas y sindicales teniendo en cuenta intereses inmediatos y por el otro del objetivo final de la socialdemocracia. Ciertamente, tenemos aquí contradicciones flagrantes, pero que no surgen de nuestra lógica sino de la evolución siguiendo una hermosa línea recta, sigue un recorrido caprichoso y lleno de bruscos zig-zag. Así como los diferentes países capitalistas representan los estadios más diversos de la evolución, en el interior de cada país se encuentran las capas más diversas de una misma clase obrera. Pero la historia no espera con paciencia a que los países y las capas más atrasadas alcancen a los países y a las capas mas avanzadas, para que el conjunto pueda ponerse en marcha en formación simétrica, en columnas cerradas. Se dan las explosiones en los puntos neurálgicos cuando la situación está madura y en la tormenta revolucionaria bastan algunos días, o algunos meses, para compensar los retrasos, corregir las desigualdades, poner en marcha de golpe todo el progreso social. En la revolución rusa, todos los estadios de desarrollo, toda la escala de intereses de las categorías distintas de obreros estaban representados en el programa revolucionario de la socialdemocracia y el número infinito de luchas parciales confluía en la inmensa acción común de clase del proletariado; lo mismo ocurrirá en Alemania cuando la situación esté madura. La tarea de la socialdemocracia consistirá en regular su táctica no en base a los niveles más atrasados, sino en base a los más avanzados de la evolución.

Capítulo 8. VIII

La más importante de las condiciones exigidas en el periodo de grandes luchas que sobrevendrá, tarde o temprano, para la clase obrera alemana es, junto a la resuelta firmeza y coherencia de la táctica, la mayor capacidad posible de acción y en consecuencia la mayor unidad posible en el grupo socialista que dirige la masa proletaria.

Sin embargo, las primeras tentativas débiles de preparar una acción de masas más considerable, pusieron de manifiesto un inconveniente capital a este respecto: la división, la separación completa entre las dos organizaciones del movimiento obrero, el Partido socialista y los sindicatos.

De un análisis bastante detallado de las huelgas de masas en Rusia, como también de las condiciones de la misma Alemania, resulta evidente que cualquier acción de lucha un poco importante, si no debe limitarse a una simple manifestación de un día, sino convertirse en una real acción de masas, no puede ser concebida como una huelga del tipo llamado político. Los sindicato deben participar en ella a la par de la socialdemocracia. No ya, como se imaginan los dirigentes sindicales, por la razón que el Partido socialista, con su organización numéricamente inferior, estaría obligado a recurrir a la colaboración del millón y medio de trabajadores adherentes al sindicato y no podría hacer nada sin ellos. La razón es mucho más profunda: toda acción directa de masas, todo periodo declarado de lucha de clases debe ser, al mismo tiempo, político y económico. En Alemania, apenas se produzcan en esta o aquella ocasión, en este o aquel momento dado, grandes luchas políticas, huelgas de masas que abrirán simultáneamente un periodo de luchas sindicales violentas, sin que los acontecimientos se pregunten en modo alguno si los dirigentes sindicales aprueban o no el movimiento. Si se mantuvieran apartados o trataran de oponerse a la lucha, la consecuencia de este comportamiento sería simplemente que los dirigentes del sindicato, al igual que los dirigentes del Partido, en un caso similar, serían marginados por el desarrollo de los acontecimientos, y las luchas tanto económicas como políticas serían llevadas adelante por las masas aun sin ellos.

En efecto, la división entre lucha política y lucha económica, y su separación, no es sino un producto artificial, aunque explicable históricamente, del periodo parlamentario. Por una parte, en el desarrollo pacífico «normal», de la sociedad burguesa, la lucha económica esta fraccionada, disgregada, en una multitud de luchas parciales en cada empresa, en cada rama de la producción. Por la otra, la lucha política es conducida, no por la masa misma en una acción directa, sino de conformidad con la estructura del Estado burgués, de modo representativo, por la presión ejercida sobre el cuerpo legislativo. Una vez abierto un periodo de luchas revolucionarias, es decir, una vez que las masas hayan aparecido en el campo de batalla, cesan tanto la dispersión de la lucha económica, como la forma parlamentaria indirecta de la lucha política. En una acción revolucionaria de masas, lucha política y lucha económica son una sola cosa, y el límite artificial trazado entre sindicato y Partido socialista, como entre dos formas separadas, totalmente distintas del movimiento obrero, es simplemente cancelado.

Pero aquello que en el movimiento revolucionario de masas se vuelve claro para todos, existe también como dato de hecho real para el periodo parlamentario. No existen dos luchas distintas de la clase obrera, una económica y otra política; existe sólo *una única lucha* de clase que tiende simultáneamente a limitar la explotación capitalista dentro de la sociedad burguesa y a suprimir la explotación capitalista y al mismo tiempo la sociedad burguesa.

Si estos dos aspectos de la lucha de clase, en un periodo parlamentario, se separan por razones técnicas, no constituyen dos acciones paralelas, sino sólo dos fases, dos grados de la lucha de emancipación de la clase obrera. La lucha sindical abraza los intereses inmediatos, la lucha socialista los intereses futuros del movimiento obrero. «Los comunistas –dice el *Manifiesto del partido comunista*– representan, frente a grupos de intereses diversos (intereses nacionales o locales) de los proletarios, los intereses comunes a todo el proletariado y, en todos los grados del desarrollo de la lucha de clases, el interés del movimiento en su conjunto, es decir, el objetivo final, la emancipación del proletariado.» [18]

---

[18] No se trata de una cita textual del *Manifiesto,* sino de un resumen –hecho de memoria por Rosa Luxemburg– de los primeros párrafos del capítulo titulado: «Proletarios y comunistas».

Los sindicatos sólo representan los intereses de grupos del movimiento obrero y un nivel de su desarrollo. El socialismo representa a la clase obrera y los intereses de su emancipación en su conjunto.

La relación de los sindicatos con el Partido socialista es, en consecuencia, la de una parte con el todo y si, entre los dirigentes sindicales, la teoría de la «igualdad de derechos» entre los sindicatos y la socialdemocracia encuentra tanto eco, se debe a un sustancial desconocimiento de los sindicatos y de su papel en la lucha general por la emancipación de la clase obrera.

Esta teoría de la acción paralela del Partido y de los sindicatos y de su «igualdad de derechos» no es por tanto un artificio abstracto: tiene sus raíces históricas. En efecto, se apoya en una ilusión relativa al periodo pacífico y «normal» de la sociedad burguesa, en el cual, la lucha política del Partido socialista parecía abrirse gradualmente en la lucha *parlamentaria*. Pero la lucha parlamentaria, que constituye el complemento y la verificación de la lucha sindical, es, como aquélla, una lucha llevada exclusivamente en el terreno del orden social burgués. Ella es, por su naturaleza, una obra de reformas políticas, así como los sindicatos son una obra de reformas económicas. Es una obra política en el presente, así como los sindicatos son una obra económica en el presente. La lucha parlamentaria no es sino una fase de un aspecto del conjunto de la lucha de clases proletaria, cuyo objetivo final supera igualmente la lucha parlamentaria y la lucha sindical. También la lucha parlamentaria es a la política socialista como una parte es al todo, exactamente igual que el trabajo sindical. El Partido socialista es precisamente hoy el punto de encuentro, tanto de la lucha parlamentaria como de la lucha sindical, en una lucha de clases que tiende a la destrucción del ordenamiento social burgués.

La teoría de la «igualdad de derechos» entre los sindicatos y el Partido socialista no es por tanto un simple error teórico, una simple confusión: es una expresión de la conocida tendencia del ala oportunista del socialismo que quiere reducir de hecho la lucha política de la clase obrera a la lucha parlamentaria y transformar la socialdemocracia de un Partido proletario revolucionario en un Partido reformista pequeño burgués[2].».

Si la socialdemocracia aceptara la teoría de la «igualdad de derechos» de los sindicatos, aceptaría así, de un modo indirecto y tácito, la transformación que desde hace mucho tiempo están impulsando los representantes de la tendencia oportunista.

Sin embargo, un cambio tal de las relaciones en el seno de movimiento obrero es imposible en Alemania más que en cualquier otro país. El nexo teórico que hace del sindicato una simple parte de la socialdemocracia encuentra en Alemania su demostración en los hechos, en la práctica viva: se manifiesta en tres direcciones:

1) Los sindicatos alemanes son un producto directo del Partido socialista: es el Partido socialista quien ha creado los inicios del actual movimiento sindical en Alemania; es el Partido socialista el que veló por su crecimiento y el que

todavía hoy les da sus mejores mentes y los militantes más activos de sus organizaciones.

2

Del mismo modo que se niega habitualmente la existencia de una tendencia similar en el seno de la socialdemocracia alemana, es necesario saludar la franqueza con que la tendencia oportunista ha formulado últimamente los fines que le son propios.

En un congreso del Partido, en Maguncia, el 10 de septiembre de 1905, fue aprobada la siguiente resolución propuesta por el doctor David:

«Considerando que el Partido socialista democrático no concibe la idea de "Revolución", en el sentido de una transformación violenta, sino en el sentido pacífico del desarrollo, es decir, de la fundación gradual de un principio social nuevo, la conferencia pública del Partido en Maguncia rechaza todo "romanticismo revolucionario".

»La conferencia no ve en la conquista del poder político otra cosa que la conquista de la mayoría de la población para las ideas y las reivindicaciones de la socialdemocracia; conquista que no puede hacerse con medios violentos, sino agitando las mentes por medio de la propaganda ideológica y de la acción práctica de reforma en todos los aspectos de la vida política, económica y social.

»Con la convicción de que el socialismo prospera mucho más con los medios legales que con los medios ilegales y el desorden, la conferencia rechaza la "acción directa de masa" como principio táctico, es decir, desea que el Partido se esfuerce, de ahora en adelante, como en el pasado, por realizar poco a poco nuestros objetivos por la vía legislativa y a través de un desarrollo orgánico.

»La condición fundamental de este método de lucha reformadora es la de que la posibilidad para la masa de la población proletaria de participar en la legislación en el Imperio y en los distintos Estados, no disminuya, sino que por el contrario sea extendida hasta la completa igualdad de derecho. Por esta razón la conferencia considera como un derecho incontestable de la clase obrera, si todos los otros medios desaparecen, el de llegar a rehusarse a trabajar durante un tiempo más o menos largo, tanto para rechazar los atentados contra sus derechos legales como para conquistar otros nuevos.

»Pero dado que la huelga política de masas puede ser llevada adelante victoriosamente por la clase obrera sólo si se mantiene en el terreno estrictamente legal y no ofrece, por parte de los huelguistas, ninguna ocasión para la intervención de la fuerza armada, la conferencia ve en la extensión de la organización política, sindical y cooperativa el único adiestramiento necesario y eficaz para el uso de este medio de lucha. <u>Solamente así pueden ser creadas en las masas del pueblo las condiciones que garantizan el desarrollo victorioso de una huelga de masa: una</u> consciente disciplina de su objetivo y una base económica suficiente

2)   Los sindicatos alemanes son también un producto de la socialdemocracia en este sentido: la teoríasocialista constituye el espíritu vivificador de la práctica sindical; los sindicatos deben su superioridad sobre todos los grupos sindicales burgueses y confesionales a la idea de la lucha

de clases. Sus éxitos materiales, su fuerza, son el resultado de esta práctica suya iluminada por la teoría del socialismo. La fuerza de la «práctica política» de los sindicatos alemanes reside en su comprensión de las causas sociales y económicas profundas del régimen capitalista. Ahora bien, esta comprensión la deben sólo a la teoría del socialismo científico, sobre la que se funda su acción. En este sentido, la tentativa de emancipar a los sindicatos de la teoría socialista, mediante la búsqueda de otra «teoría sindicalista» en oposición al socialismo, es, desde el punto de vista de los mismos sindicatos y de su futuro, una tentativa suicida. Separar la práctica sindicalista del socialismo científico significaría para los sindicatos alemanes perder inmediatamente toda su superioridad sobre los distintos sindicatos burgueses y caer de la altura conquistada al nivel de los viejos balbuceos y de un verdadero empirismo de baja estofa.

3)   Los sindicatos son también directamente –cosa de la que los dirigentes han tomado poco a pococonciencia–, en su fuerza numérica, un producto del movimiento socialista y de la propaganda socialista. Es cierto que en más de un país la agitación sindical precedió y precede la agitación política y en todas partes el trabajo de los sindicatos allana el camino al trabajo del Partido. Desde el punto de vista de su *acción,* Partido y sindicato se dan recíprocamente una mano. Pero si se considera el marco que presenta la lucha de clases en Alemania, en su conjunto y en sus causas profundas, esta relación se modifica sensiblemente. Muchos dirigentes sindicales se complacen, a partir de la enorme cuota de su millón y cuarto de inscritos, en lanzar,

no sin un aire de triunfo, una mirada de conmiseración sobre el pobre medio millón escaso de afiliados al Partido, y en recordar los tiempos, quince años ha, en los que en las filas del Partido se tenía todavía una idea pesimista de las posibilidades de desarrollo de los sindicatos. Ellos señalan que entre estos dos hechos, la elevada cifra de los inscritos al sindicato y la cifra inferior de los afiliados socialistas, existe en alguna medida *una relación directa de causa a efecto*. Millares y millares de obreros no entran en las organizaciones de Partido precisamente porque *entran* en los sindicatos. En teoría, todos los trabajadores deberían estar inscritos en ambas partes: asistir a las reuniones de una y otra parte, pagar una cuota doble, leer dos periódicos obreros, etc. Pero para hacerlo es necesario ya un elevado grado de inteligencia y de ese idealismo que, por puro sentimiento del deber hacia el movimiento obrero, no retroceda ante los sacrificios cotidianos de tiempo y de dinero; es necesario también el apasionado interés por la vida del Partido que no puede satisfacerse sino perteneciendo a su organización. Todo esto se encuentra en la minoría más consciente e inteligente de los obreros socialista en las grandes ciudades, donde la vida del Partido es rica y atrayente, donde la existencia del obrero alcanza su nivel más alto. Pero en las capas más amplias de las masas obreras de las grandes ciudades así como en provincias, en los pequeños y pequeñísimos huecos donde la vida política local no tiene independencia y es el simple reflejo de los acontecimientos que suceden en la capital, donde, en consecuencia, la vida del Partido es pobre y monótona, donde finalmente la existencia económica de los trabajadores es por lo demás absolutamente mísera, la doble organización es muy difícil de mantener.

Para el obrero que pertenece a la masa, si tiene ideas socialistas, la cuestión se resuelve entonces por sí misma: se adhiere a su sindicato. En efecto, sólo puede satisfacer los intereses inmediatos de la lucha económica, dada la naturaleza misma de esta lucha, que perteneciendo a una organización profesional. La cuota que paga, con frecuencia a costa de grandes sacrificios, le proporciona una utilidad inmediata y visible. En cuanto a sus convicciones socialistas puede practicarlas aún sin pertenecer a una específica organización de Partido: votando en las elecciones para el Parlamento, asistiendo a reuniones públicas socialistas, siguiendo los informes en las asambleas representativas, leyendo los periódicos del Partido, hecho que puede comprobarse si se compara el numero de los electores socialista y el de los abonados al *Vorwärts*[19] con las cifras de los afiliados al Partido en Berlín. Y, lo que tiene una importancia decisiva, el obrero con ideas socialistas en cuanto es un hombre simple que no entiende nada de la teoría complicada y sutil «de las dos almas»[20], se siente justamente socialista también en el sindicato. Aunque las federaciones sindicales no enarbolen oficialmente la bandera del Partido, el trabajador perteneciente a la masa en cada ciudad o región, ve en la cabeza de su sindicato, como los dirigentes más activos, a

---

[19] Vorwärts [Adelante]: órgano central de la socialdemocracia alemana. Comenzó a publicarse en 1876, bajo la redacción de G. Liebknecht y otros. Desde la segunda mitad de la década de los noventa, después de la muerte de Engels, *Vorwärts* publicó sistemáticamente los artículos de los revisionistas. Era a la vez órgano local de Berlín y órgano central del partido.

[20] Alusión a un verso del Fausto: «Dos almas habitan aquí, en mi pecho».

los colegas que conoce también, en la vida publica, como compañeros, como socialistas: sean diputados del Partido en el Reichstag, en los Landhag, en los consejos municipales, sean funcionarios, fiduciarios, presidentes de comités electorales, redactores de periódicos, secretarios de organizaciones del Partido, sean simplemente oradores y propagandistas del Partido. Además, en la propaganda en el interior de su sindicato, encuentra por lo general las ideas ya familiares y comprensibles para él sobre la explotación capitalista, sobre las relaciones entre las clases, que conocía a través de la propaganda socialista, Y todavía más, los oradores más estimados en las reuniones sindicales son también socialista conocidos.

Todo ello contribuye, por lo tanto, a dar al obrero la impresión de que, organizándose sindicalmente, pertenece de igual modo a su Partido obrero y forma parte de la organización socialista. *En esto consiste la verdadera fuerza de reclutamiento de los sindicatos alemanes*. No es la apariencia de la neutralidad, es la realidad socialista de su esencia lo que ha dado a las federaciones el medio para alcanzar su fuerza actual. Este hecho es confirmado simplemente por la existencia misma de los sindicatos afiliados a los distintos partidos burgueses católicos, Hirsch-Duncker[21], etc., con lo que se pretende probar precisamente la necesidad de esta «neutralidad» política. Cuando el obrero alemán que puede adherirse libremente a un sindicato cristiano, católico, evangélico o liberal, no elige ninguno de estos, sino el «sindicato libre», o también

---

[21] Hirsch, político alemán (18232-1905). Cofundador del partido progresista con Duncker y Schulze-Delitzsch. En 1868 fundó los *Deutsche Gewerkvereine* o sindicatos de contenido liberal-burgués.

pasa de aquéllos a éste, haciéndolo sólo porque concibe a las federaciones comprometidas en la moderna lucha de clases como organizaciones o, lo que en Alemania es lo mismo, como sindicatos socialistas.

En pocas palabras, la apariencia de «neutralidad», que es un hecho para más de un dirigente sindical, no existe para la gran masa de los trabajadores organizados en el sindicato. Y éste es el gran éxito del movimiento sindical. Si alguna vez esta apariencia de neutralidad, esta distinción o esta separación entre los sindicatos y la socialdemocracia se transformara en verdadera y apareciera sobre todo ante los ojos de las masas proletarias, los sindicatos perderían de golpe toda su ventaja frente a las asociaciones burguesas con las que compiten y perderían así toda su fuerza de reclutamiento, el fuego que las torna vivas. Lo que aquí afirmo, encuentra una demostración convincente en hechos conocidos por todos. La apariencia de neutralidad podría prestar grandes servicios como medio de atracción en un país donde el Partido socialista no contara por sí sólo con crédito alguno entre las masas, donde su popularidad, en lugar de servirle, perjudicara una organización obrera ante los ojos de las masas, donde, en pocas palabras, los sindicatos tuvieran que comenzar a reclutar por sí solos sus adherentes en una masa absolutamente no educada y animada de sentimientos burgueses.

Un modelo de país semejante ha sido durante todo el siglo pasado, y en cierta medida lo es aún, Inglaterra. Pero en Alemania, la situación del Partido es completamente distinta. En un país en el que la socialdemocracia es el partido político más potente, en el que la fuerza de reclutamiento está atestiguada por un ejército de tres millones de proletarios, es ridículo hablar de una aversión al socialismo que los alejaría, y de la necesidad de mantener, para una organización de lucha de los obreros, la neutralidad política. Es suficiente comparar las cifras de las organizaciones sindicales en Alemania, para advertir al recién llegado que los sindicatos alemanes no conquistaron sus huestes, como en Inglaterra, en una masa sin educación y animada por sentimientos burgueses, sino en una masa de proletarios ya despierta por el socialismo y ganada para las ideas de la lucha de clases, es decir, en la masa de los electores socialistas. Más de un dirigente sindical rechaza con indignación –corolario obligado de la teoría de la «neutralidad»– la idea de considerar los sindicatos como una escuela de reclutas para el socialismo. En efecto, esta suposición que les parece tan ofensiva y que, en realidad, sería clarividente, es puramente imaginaria porque la situación es por lo general inversa: en Alemania, es la socialdemocracia la escuela de reclutamiento de los sindicatos.

Si bien la obra de organización de los sindicatos es con frecuencia muy fatigosa y difícil, no obstante, y exceptuando alguna región o algún caso particular, no sólo el terreno ha sido ya desbrozado por el arado socialista, sino que la misma semilla sindical y el sembrador deben ser también socialista, «rojos», para que se pueda cosechar. Si en lugar de comparar las fuerzas numéricas sindicales con las de las organizaciones socialistas, las medimos con las masas electorales socialista –y este es el único modo justo de comparar– llegamos a un resultado que se aleja bastante de los análisis divulgados. Se observa, en efecto, que los «sindicatos libres» representan efectivamente la minoría de la clase obrera en Alemania, y que con su millón y medio de inscritos no recogen ni siquiera la mitad de la masa conquistada por el Partido socialista.

La conclusión más importante de los hechos citados es ésta: la completa *unidad* del movimiento obrero sindical y socialista, absolutamente necesaria para las futuras luchas de masas alemanas, *está realizada desde ahora* y se manifiesta en la vasta multitud que forma, al mismo tiempo, la base del Partido socialista y la de los sindicatos y en la convicción a partir de la cual las dos caras del movimiento se confunden en una unidad mental. La pretendida oposición entre Partido y sindicato se reduce, en este orden de cosas, a una oposición entre el Partido y un cierto grupo de funcionarios sindicales y, al mismo tiempo, en una oposición en el interior de los sindicatos, entre este grupo y la masa de los proletarios organizados sindicalmente.

El gran desarrollo del movimiento sindical en Alemania, durante los últimos quince años, en particular en el periodo de la prosperidad económica, entre 1895 y 1900, condujo como es natural, a una especialización de sus métodos de lucha y de su dirección y al surgimiento de una verdadera categoría de funcionarios sindicales. Todos estos hechos son un producto histórico, perfectamente explicable y natural del desarrollo de los sindicatos en quince años, un producto de la prosperidad económica y de la calma política en Alemania. Aunque inseparables de ciertos inconvenientes, no dejan por ello de ser un mal necesario. Pero la dialéctica de la evolución comporta lógicamente que estos medios necesarios para el desarrollo de los sindicatos se transformen en un momento dado de la organización y en cierto grado de madurez de las condiciones en su contrario, en obstáculos para la continuación de este desarrollo.

La especialización de su actividad profesional de dirigentes sindicales, así como la restricción natural de horizontes que los liga con las luchas económicas fragmentadas en periodos de quietud, concluyen por llevar fácilmente a los funcionarios sindicales al burocratismo y a una cierta estrechez de miras. Pero estas dos características tienen su expresión en toda una serie de tendencias que podrían ser fatales para el provenir del movimiento sindical. Entre ellas, habría que enumerar ante todo la tendencia a sobreestimar la organización que paulatinamente de un medio con vistas a un fin se convierte en un fin en sí mismo, en un bien supremo al que deben estar subordinados todos los intereses de la lucha. Se explica así ante todo, esta necesidad, abiertamente confesada, de tregua, cuando se temen riesgos serios, esta necesidad de pretendidos peligros para la existencia del sindicato cuando se teme la espontaneidad de ciertas acciones de masas; así se explica la confianza excesiva en el método de lucha sindical, en sus perspectivas y en sus éxitos.

Los dirigentes sindicales, constantemente absorbidos por la pequeña guerra económica, que tienen por objetivo hacer que las masas obreras sepan apreciar el gran valor de cada conquista económica, por mínima que ella sea, de cada aumento salarial y reducción del horario de trabajo, llegan insensiblemente a perder ellos mismos los grandes nexos de causalidad y la visión de conjunto de la situación general. Sólo así se puede entender por qué más de uno se extienda con tanta satisfacción sobre las conquistas de estos últimos quince años, sobre los millones de aumentos salariales, en lugar de insistir, por el contrario, en el reverso de la medalla: en el descenso de las condiciones de vida para los proletarios, que simultáneamente han causado el encarecimiento del pan, toda la política fiscal y aduanera, la especulación del terreno edificable, que aumenta de modo exorbitante los alquileres, en pocas palabras, sobre todas las tendencias efectivas de la política burguesa, que anulan en gran parte las conquistas de las luchas sindicales de quince años.

De la verdad socialista *total,* que poniendo de relieve el trabajo presente y su absoluta necesidad, pone el acento principal sobre la *crítica* y los límites de este trabajo, se llega a defender así la media verdad sindical, que hace resaltar sólo el resultado positivo de la lucha cotidiana. Y finalmente, la costumbre de silenciar los límites objetivos trazados por el orden social burgués a la lucha sindical se transforma en hostilidad directa contra toda crítica que muestra estos límites, ligándolos de nuevo al objetivo final del movimiento obrero. El panegírico absoluto, el optimismo ilimitado, son considerados como un deber por todo «amigo del movimiento sindical».

Pero dado que el punto de vista socialista consiste precisamente en combatir el optimismo sindical acrítico, y además combatir el optimismo parlamentario, se termina por oponerse a la misma teoría socialista: se busca a tientas una «nueva teoría sindical», es decir, una teoría que, en contraste con la doctrina socialista, abriría a las luchas sindicales, en el terreno del orden capitalista, perspectivas ilimitadas de progreso económico. Es verdad, hace ya tiempo que dicha teoría existe: es la teoría del profesor Sombart[22], fundada expresamente con la intención de trazar una línea de separación entre los sindicatos y la socialdemocracia en Alemania, y de llevar a los sindicatos a pasarse al campo burgués.

A estas tendencias teóricas se une directamente un cambio de las relaciones entre los dirigentes y las masas. A la dirección colectiva de los comités locales, con sus indiscutibles insuficiencias, la sustituye la dirección profesional del funcionario sindical. La dirección y la facultad de juicio se convierten, por así decirlo, en su especialidad profesional, mientras que a la masa le corresponde principalmente la virtud más pasiva de la disciplina.

Estos inconvenientes del burocratismo comportan seguramente también para el Partido peligros que podrían derivar con bastante facilidad de la innovación más reciente: la institución de los secretarios locales del Partido. Y estos peligros encontrarán forma de manifestarse si la masa socialista no vigila constantemente a estos secretarios para que permanezcan como puros y

---

[22] Werner Sombart, economista y sociólogo (1863-1941). Escribió diversos trabajos sobre el capitalismo moderno. Especialista del socialismo; al comienzo, más o menos influenciado por el marxismo, luego, se convirtió en un adversario encarnizado.

simples órganos ejecutivos, sin ser considerados nunca como los representantes profesionales de la iniciativa y de la dirección de la vida local del Partido. Pero el burocratismo tiene en la socialdemocracia, por la naturaleza misma de las cosas, por el carácter de la lucha política, límites muy definidos, más estrechos que en la vida sindical. En ésta, la especialización técnica de las luchas salariales, por ejemplo, la conclusión de complicados contratos de trabajo a destajo u otros acuerdos similares, la que actúa de modo que la masa de inscritos no tenga con frecuencia «la visión de conjunto de toda la vida sindical» y en esto se basan para constatar su incapacidad para decidir. Y éste es también un resultado de dicha concepción, al igual que la argumentación por la que se rechaza toda la crítica teórica sobre las perspectivas y las posibilidades de la praxis sindical, haciendo creer que constituiría un peligro para la fe de las masas en el sindicato. Se parte entonces de esta idea: que una fe ciega en las ventajas de la lucha sindical es el único medio para conquistar y para conservar la masa obrera.

Es todo lo opuesto del socialismo, que funda la influencia propia sobre la comprensión de parte de las masas de las contradicciones del ordenamiento existente y de la compleja naturaleza de su desarrollo, en su actitud crítica, en todo momento y en cada estadio de la lucha de clases. Por el contrario, según esta falsa teoría, la influencia y la fuerza de los sindicatos reposaría sobre la incapacidad de las masas para criticar y juzgar. «Es necesario custodiar la fe para el pueblo», tal es el principio por el cual muchos funcionarios sindicales califican como un atentado contra el movimiento sindical todo análisis crítico de las insuficiencias de este movimiento.

Finalmente, otro resultado de esta especialización y de este burocratismo en los funcionarios sindicales es la fuerte «autonomía» y «neutralidad» de los sindicatos respecto del Partido socialista. La autonomía externa del órgano sindical deriva de su desarrollo, como condición natural, como relación nacida de la división técnica del trabajo entre las formas de lucha política y sindical. La «neutralidad» de los sindicatos alemanes ha sido, por su parte, un resultado de la legislación reaccionaria sobre las asociaciones, un resultado del carácter policial del Estado prusiano-alemán. Con el tiempo, estos dos elementos cambiaron su naturaleza. De la condición de neutralidad política, impuesta a los sindicatos por la policía, se extrajo a renglón seguido una teoría de su neutralidad voluntaria, pretendida necesidad fundada sobre la naturaleza misma de la lucha sindical. Y la autonomía técnica de los sindicatos, que reposa sobre una división del trabajo hecha en el ámbito de la unidad de lucha de la clase socialista, se ha transformado en el alejamiento de los sindicatos que se apartan de la socialdemocracia, de sus ideas y de su dirección; se ha transformado en lo que se llama la «igualdad de derechos» con la socialdemocracia.

Ahora bien, esta apariencia de división y de igualdad está personificada específicamente por los funcionarios sindicales, alimentada por el aparato administrativo de los sindicatos. Exteriormente, la coexistencia de todo un cuerpo de funcionarios, de comités centrales absolutamente independientes, de una abundante prensa sindical y, en fin, de congresos sindicales, ha creado la apariencia de un paralelismo completo con el aparato administrativo del Partido socialista, con su Comité directivo, su prensa y sus Congresos. Esta ilusión ha conducido además al monstruoso fenómeno siguiente: en los congresos sindicales y en los congresos socialistas, fueron discutidos temarios análogos y sobre el mismo problema fueron adoptadas decisiones distintas, y hasta diametralmente opuestas.

Por una división natural del trabajo entre el Congreso del Partido que representa los intereses y los problemas generales del movimiento obrero, y las conferencias de los sindicatos, que estudian los aspectos más específicos de los problemas y de los intereses particulares de la lucha corporativa de cada día, se ha producido de manera artificial una escisión entre una pretendida concepción sindical del mundo y la concepción socialista respecto de los mismos problemas e intereses generales del movimiento obrero.

Así, se ha verificado este extraño orden de cosas: el mismo movimiento sindical que, en la base, en la vasta masa proletaria, es una sola cosa con el socialismo, se divide netamente en la cúspide, en el edificio administrativo del Partido socialista y se planta frente a él como una segunda gran fuerza independiente. El movimiento obrero alemán reviste así la forma singular de una doble pirámide, en la cual la base y el cuerpo están constituidos por una misma masa, mientras que los vértices se alejan uno del otro.

De lo aquí expuesto, resulta con claridad cuál es el único camino que permite crear, de modo natural y eficaz, esta unidad compacta del movimiento obrero alemán, unidad imprescindible para las futuras luchas políticas de clase, y además para el propio desarrollo ulterior de los sindicatos. Nada sería más falso e inútil que intentar establecer esta unidad deseada por medio de relaciones esporádicas o periódicas entre la dirección del partido socialista y el Comité central de los sindicatos sobre los problemas específicos del movimiento. Son justamente (como vimos) los vértices de la organización de las dos formas del movimiento los que expresan su división y su autonomía, que, en consecuencia, representan la ilusión de la «igualdad de derechos» y de la existencia paralela del Partido y de los sindicatos. Querer realizar la unidad entre sí a través de la aproximación de la Dirección del Partido y del Comité general de los sindicatos, sería como querer construir un puente precisamente donde el foso es más amplio y el paso más difícil.

No es en la cúspide, en el vértice de las organizaciones y de su unión federativa, sino en la base, en la masa proletaria organizada, donde está la garantía para la unidad real del movimiento obrero. En la conciencia de un millón de inscritos al sindicato, Partido y sindicatos son efectivamente *una sola cosa:* la lucha *socialista* por la emancipación bajo distintas formas. De esto resulta, como es natural, la necesidad, para suprimir los roces producidos entre el Partido socialista y una parte de los sindicatos, de hacer adherir sus relaciones recíprocas en la conciencia de la masa proletaria, es decir, volver a unir los sindicatos a la socialdemocracia. Esto significará de hecho, realizar la síntesis del desarrollo que desde la primitiva incorporación de los sindicatos condujo a la división de la socialdemocracia, para preparar luego, a través de un periodo serio de desarrollo, tanto de los sindicatos como del Partido, el futuro periodo de las grandes luchas proletarias de masa; y con esto mismo hacer una necesidad de la reunión del Partido y de los sindicatos en el interés común.

No se trata de romper en el Partido la estructura sindical actual: se trata de restablecer, entre la dirección de la socialdemocracia y la de los sindicatos, entre los Congresos sindicales, la relación natural que corresponde a la relación de hecho entre el movimiento obrero en su conjunto y en su aparente división. Una transformación tal no dejará de provocar la oposición violenta de una parte de los dirigentes sindicales. Pero es hora ya de que la masa obrera socialista aprenda a demostrar si es capaz de juicio y de acción, a demostrar así su madurez para los momentos de grandes luchas y de grandes acciones, en los cuales las masas deben ser el coro que actúa, mientras que los dirigentes son meramente las «figuras parlantes», o sea, los intérpretes de la voluntad de las masas.

El movimiento sindical no consiste en la imagen que se forma en las ilusiones perfectamente explicables, pero erróneas, de una minoría de dirigentes sindicales: es la realidad que existe en la conciencia unitaria de los proletarios conquistados para la lucha de clases. En esta conciencia, el movimiento sindical es una parte del movimiento socialista. «Que tenga el coraje de ser lo que es[23].»

---

[23] Alusión a la frase de Bernstein a propósito de la necesidad de la revisión de la doctrina del Partido. En su opinión, el Partido debía tener el «coraje de parecerse a lo que es hoy en realidad: un partido reformista democrático y socialista» *(Voraussetzungen,* p.162). De la obra principal de Bernstein, la Editorial Claridad publicó una versión con el título de: *Socialismo teórico y socialismo práctico* (Buenos Aires, 1966).